이제는
나부터
챙기기로
했다

알고십대 04

이제는 나부터 챙기기로 했다

자아존중감을 높이고
나만의 경계를 찾는 법

노윤호 글 | 율라 그림

풀빛

들어가는 글

저는 학교 폭력 변호사입니다.

변호사는 좋은 일이 아닌 주로 분쟁에 휘말렸을 때, 범죄를 겪었을 때 등 살면서 안 좋은 일을 겪을 때 만나는 사람입니다. 같은 편이 되어 법적 조력을 통해 안 좋은 일을 해결할 수 있게 도와주는 역할을 해요.

저는 2015년부터 변호사 활동을 시작한 이후로 힘든 상황에 놓인 많은 청소년을 만나 이야기를 들어 왔습니다. 아이들은 온전히 자신의 편이 되어 준 저에게 부모님께 말 못할 속 이야기도 솔직히 털어놓았습니다. 그러다 보니 저는 청소년들의 고민이나 갈등, 여러 복잡한 감정들을 접하게 되었고 청소년들 사이의 관계와 심리를 보다 깊이 파악할 수 있었습니다. 제가 만나 본 청소년 친구들은 아직 경험이 부족하기 때문에 처음 접하는 상황들 속에서 다양한 관계를 어떻게 맺어야 할지 혼란스러워했습니다.

나다움에 대한 고민, 자꾸만 충돌이 생기는 가족과의 관계, 친구 관계에서의 소외에 대한 두려움, 무료한 일상에서 벗어나고픈 마음에 휩싸여 있었어요. 남들은 다 잘 지내는 것 같은데 나만 잘못되고, 상처받는 것 같다는 생각에 '하루하루를 버틴다'고 표현할 정도로 힘든 청소년들이 많았습니다. 그리고 이런 친구들에게서 같은 고민을 했던 청소년기의 제 모습도 발견할 수 있었습니다.

그럼에도 저와의 상담을 통해 나만 힘든 게 아니라는 점, 청소년기에 겪을 수 있는 문제일 뿐 스스로가 잘못돼서 힘든 게 아니라는 점을 아는 것만으로도 친구들은 위로받고 공감을 얻으며 차근차근 다시 앞으로 나아갔습니다. 이러한 경험들을 통해 같은 고민을 했던 어른으로서, 청소년이기 때문에 겪게 되는 고민과 심리 상태를 짚어 주고 치유할 수 있는 방법을 찾도록 길잡이 역할을 해 주고 싶었습니다.

그런 마음의 연장선에서 학교 폭력과 같은 마음의 상처를 입은 채로 만나는 청소년들의 관계와 감정, 심리를 제대로 공감하고 이해하고자 심리 상담 공부를 시작했습니다. 그러한 과정을 거치면서 법적 조력만으로는 치유할 수 없는 아이들의 심리를 깊이 이해하면서 흔들리는 마음의 방향을 찾을 수 있도록 노력해 왔습니다.

이렇게 학교 폭력 변호 활동과 함께 아이들의 심리를 살피며 깨달은 것은 청소년들의 다양한 고민에 대한 실마리는 청소년기의 심리적 특징과 관계 맺는 법에서 찾을 수 있다는 것이었습니다. 청소년들이 나를 비롯한 가족, 친구, 사회와의 관계에서 느끼는 심리 상태와, 그에 따른 올바른 관계 맺기를 통해 해결 방법을 찾을 수 있었으면 합니다. 그리고 궁극적으로는 우리 친구들이 누구보다도 스스로를 잘 알고 이해하고, 사랑하도록 하는 것이 이 책의 목적입니다.

아울러 부모님, 어른들에게도 청소년들을 이해하고 공감할 수 있는 책이 되었으면 하는 바람입니다. 이 책이 청소년들과 만날 수 있도록 도와 주신 풀빛 출판사에 감사드립니다. 그리고 일에 전념할 수 있도록 늘 안식처가 되어 주는 배우자 정정헌과 행복과 기쁨을 주는 딸 정승연에게도 글을 통해 감사의 마음을 전합니다.

노윤호

차례

3 다른 사람들의 시선에 자꾸 휘둘려요
: 관계 중독에서 벗어나기

4 사회 속에서 나만의 정체성을 찾고 싶어요
: 더 넓은 관계에서 중심 세우기

1

자꾸만 내 감정에 흔들리곤 해요

나 자신과 올바른 관계 맺기

사춘기에 접어들면 여러 생각과 감정이 휘몰아칩니다.
때로는 그런 감정에 휘둘려 아무것도 하지 못할 정도로
무기력해 지기도 해요. 감정 조절이 잘 안 되서 주위 사람들에게
격하게 화를 표출하기도 하고요.
감정 조절도 잘 못하는 단점 투성이라니,
내 스스로가 싫어져 차라리 다른 사람이고 싶습니다.
나만 이러는 걸까요? 내가 잘못된 걸까요?

이 장에서는 내가 잘못되었다고 느끼는 것들이
정말 나의 문제인지 살피며 나 자신을 이해해 보고,
나 자신과의 올바른 관계 맺기에 대해 이야기해 보려 해요.
남도 아닌 나와 관계 맺기라니, 생소하게 들릴 수 있어요.
하지만 남과 관계를 맺듯이 가장 가까운 존재인
바로 나 자신과도 관계 맺기가 필요해요.
여러분이 감정에 휘둘리거나
내가 왜 이러는지 모를 싫은 행동을 하는 것도
나와의 관계 맺기가 제대로 되어 있지 않아서일 수 있어요.
나를 이해하고 긍정적인 관계일 때
가족, 친구들, 사회와의 관계도 훨씬 좋아진답니다.

이유 없이 내가 싫을 때

온통 단점만 보이는 나

민영이는 성격이 조용한 친구입니다. 친구들 앞에 잘 나서지 못하고, 친구들의 시선이 집중되면 긴장을 합니다. '내가 이렇게 이야기하면 친구들이 지루해하지 않을까?' 대화하면서도 친구들 눈치를 살피게 되고요. 이야기 도중 조금이라도 친구의 표정이 안 좋으면 혹시 자신이 말실수한 건 아닌지 신경이 쓰입니다. 그래서 민영이는 말하기보다는 차라리 듣는 편이 편하다고 느낍니다. 발표 수업 전날, 민영이는 반 친구들 앞에서 발표할 생각을 하니 긴장을 해서 잠이 안 옵니다. 하필이면 지민이 다음으로 발표를 해야 한다니! 활달하고 유머러스한 지민이는 반 분위기를 주도하는 친구여서 자신과 비교될까 걱정됩니다. 민영이는 시선이 집중되어도 떨지 않는 지민이의 성격이 부럽습니다.

반면 지민이는 오늘도 수업 시간에 옆 친구에게 장난을 치다가 선생님께 지적을 받았습니다. 산만하고 덤벙대는 성격 때문에 물건을 어디에 두었는지 몰라 매번 찾고 다니기 일쑤입니다. 다른 친구들이 이야기할 때도 집중을 못하다 보니 어느새 지민이만 떠들고 있습니다. 엄마는 다른 사람의 이야기를 경청해야 한다고 몇 번이나 이야기했지만 지민이는 어쩐지 그게 잘 안 됩니다. 그런 지민이가 보기에 민영이는 성격이 차분해서 친구들 이야기를 잘 들어줍니다. 민영이의 주변에는 속 이야기도 털어놓는 친구들이 늘 많습니다. 지민이는 차분하고 경청을 잘하는 민영이가 부럽습니다. 발표 수업 전날, 준비를 잘해서 발표도 성격처럼 차분하게 잘할 것 같은 민영이와 덤벙대는 자신이 비교될까 봐 한숨이 나옵니다.

나의 단점만 보이고 내가 싫어지는 이유

민영이와 지민이는 서로 반대되는 성격의 같은 반 친구입니다. 자신과 반대되는 모습을 가진 서로를 부러워하고 있습니다. 그런데 아이러니하게도 상대방이 장점이라 생각하는 모습을 정작 스스로는 단점이라 생각하고 있네요. 이렇게 남들은 장점이라 생각해도 스스로 단점으로 여기는 이유는 '이것'이 낮기 때문인데요. 바로 나의 모습을 있는 그대로 받아들이고 존중하는 마음, '자존감'입니다. 자존감이 낮으면 나의 장점보다는 단점에 집중하게 되고, 단점만 자꾸 찾다 보니 스스로가 싫어지는 것입니다. 그럼 민영이와 지민이의 경우에 어떤 성격이 좋고, 어떤 성격이 안 좋은 것일까요? 내가 생각하는 단점은 정말 단점인 걸까요?

사람은 누구나 자신만의 성향과 기질이 있습니다. 그런데 내가 어떤 성향인지 객관적으로 잘 모르기 때문에 "나는 소심한 게 단점이야", "나는 가만히 있지 못하는 게 단점이야"라며 무작정 자신의 성향을 단점으로 여기곤 하지요.

여러분, MBTI 검사에 대해 알고 있나요? 선풍적인 인기 덕에 이미 검사를 해 봐서 자신이 어떤 유형인지 파악하고 친구들끼리 서로의 유형을 공유하기도 하더라고요. MBTI를 맹신하면 안 되지만 가볍게 자신의 성격 유형을 파악해 보는 정도로 활용할 수 있죠. 성격 유형 검사 도구인 MBTI는 총 16가지의 유형으로 나뉘어 있는데, 각 유형별로 특징과 성향이 있습니다. 어느 유형이 무조건 좋고 나쁘다고 평가하지 않듯이 자신의 성향과 기질에도 다름이 있을 뿐 좋고 나쁨은 없습니다.

나와 올바른 관계 맺기가 필요해

앞서 나의 단점만 보이는 이유를 자존감이 낮기 때문이라고 이야기했어요. 자존감을 높인다는 건, 나 스스로와 올바른 관계를 맺는 것이기도 해요. 자신을 있는 그대로 받아들이지 못하고 존중하지 않는 나와의 관계를, 나를 인정하고 존중하는 관계로 바꿔 보는 거예요.

1. 있는 그대로의 나를 인정하기

자꾸 나 자신이 싫다는 생각이 들 때, 나와의 올바른 관계를 맺는 첫 번째 방법은 '있는 그대로의 나를 인정하기'입니다. MBTI 검사 이후에 자신의 성향을 객관적으로 알고 단점이라 생각했던 자신의 성격이 그저 유형이자 기질임을 알고 스스로를 인정하게 되었다는 사람들이 많이 있어요. 이런 점 때문에 MBTI 검사가 오랫동안 유행하는지도 모르겠어요. 남과 비교하거나 나를 깎아내리지 않고 있는 그대로의 나를 인정하는 것이 자존감을 높이는 첫걸음입니다.

2. 나를 사랑하기

다른 사람들에게는 칭찬을 아끼지 않으면서 정작 나에게는 칭찬에 인색하고 조금만 실수해도 비난하지는 않나요? 바로 자신을 사랑하지 않고 비하하는 관계를 맺고 있기 때문이에요. 자신을 사랑하지 않는 사람들이 보이는 대표적인 행동으로는 폭식을 하거나 몸에 좋지 않은 음식을 마구 먹는 등 자신의 몸을 함부로 대하는 것, 술이나 담배 등 몸에 해로운 것들을 반복하는 것, 지속적으로 자신을 비난하고 가치 없는 존재로 여기는 것이 있습니다. 또한 나를 하찮게 여기는 친구들을 가까이에 두거나, 계획 없이 하루하루를 보내고, 자신의 방이나 가방 등 주변을 정돈하지 않고 무질서로 지내기도 하고요.

어떤가요? 이 중에 자신의 모습이 있나요? 나를 사랑한다는 건 잘난 척을 하라거나 이기적으로 굴라는 것이 아닙니다. 다른 사람들에게 하는 정도의 칭찬을 나에게도 해 주는 것이 바로 나를 사랑하는 쉬운 방법입니다. 나를 사랑한다는 말이 처음엔 뭔가 오글거릴 수도 있어요. 친구가 머리를 예쁘게 자르고 왔을 때 "와, 머리 스타일을 다르게 하니까 정말 잘 어울린다"하고 칭찬하는 것처럼, 나에게 사소한 것일지라도 칭찬할 부분이 있으면 칭찬해 보는 거예요. 그리고 앞에서 이야기했던 나를 사랑하지 않을 때 보이는 행동을 반대로 해 보면서 나를 사랑하는 관계 맺기를 실천해 보아요.

3. 단점을 장점으로 활용하기

민영이와 지민이가 스스로 단점이라 생각하는 부분을 정작 다른 친구는 장점으로 보는 것처럼, 단점이라 생각하는 나의 성격이나 특성을 반대로 잘 활용할 수 있습니다. 민영이처럼 조용하고 차분한 성격이라면 공부나 어떤 일을 할 때 집중을 잘할 수 있고, 다른 사람의 이야기를 잘 들어주기 때문에 친구들과 깊은 관계를 맺을 수 있지요. 지민이는 외향적인 성격을 활용해서 친구들을 주도하는 역할을 할 수 있고, 다양한 친구들을 넓게 사귈 수 있겠죠. 스스로에 대해 잘 알고 나와의 관계 맺기가 잘 이루어져 있으면 이를 친구들, 다른 사람들과의 관계 맺기에도 쉽게 활용할 수 있답니다.

내가 나를 인정할 때

저도 제 자신과 올바른 관계를 맺지 못하던 시절이 있었어요. 대학 시절 사법 시험을 준비할 때 단번에 합격하는 동기들, 후배들과 비교하며 머리가 좋지 않은 나를 싫어하고 자책만 했었어요. 그렇게 생각하니 자존감은 한없이 낮아지고 시험을 포기하고 싶은 마음까지 들더라고요. 내가 나를 불편하게 여기고 안정감을 느끼지 못하니, 여느 다른 사람과의 불편한 관계처럼 삐걱대고 어긋날 수밖에요.

더 이상 나를 싫어하고 비난해서는 안 되겠다는 생각에 있는 그대로의 나를 인정하는 것부터 시작했습니다. '그래, 나는 머리가 좋지 않고 평범한 사람이야. 머리가 좋아지게 할 수는 없으니 지금의 나를 인정하고 받아들이자.' 그리고 노력형인 나 자신을 사랑하고 존중하려 했어요. '단번에 합격은 못하더라도 시험 준비 기간을 더 많이 갖고 남들보다 더 노력하자. 계획한 대로 실천하고 노력하는 나를 칭찬하자'라고 되뇌면서요. 그 덕분인지 비록 머리 좋은 친구들보다는 시간이 더 걸렸지만 시험에 합격하여 지금처럼 변호사가 될 수 있었습니다. 나와의 관계를 돌아보지 못하고 머리가 안 좋다고 자책하기만 했다면 도중에 시험을 포기하고 지금의 저는 없었을지도 몰라요. 이처럼 나와 건강한 관계 맺기는 다른 사람과의 관계뿐만 아니라 내가 하고자 하는 모든 것들에 중요한 영향을 미친답니다.

걱정이 너무 많아서 걱정

걱정은 꼬리에 꼬리를 물고

민아는 중학교 3학년 때 반 친구들에게 따돌림을 당한 경험이 있습니다. 고등학교에 올라와서 새롭게 친구들을 사귀었지만, 또 따돌림을 당할까 봐 늘 걱정이 되었습니다. 중간고사가 끝나고 친구들과 놀이공원에 가기로 했는데, 민아가 코로나에 걸리는 바람에 혼자만 가지 못하고 자가 격리를 해야 했습니다. 민아는 집에 있으면서 슬슬 걱정이 되기 시작합니다. '친구들끼리 재밌게 노느라 내가 없어도 되겠다고 생각하면 어쩌지?', '자기들끼리 공유하는 추억이 생겼으니까 나는 할 말이 없어져서 소외되면 어쩌지?', '내가 없는 사이에 놀이공원에서 자기들끼리 내 험담을 하면 어쩌지?' 머릿속이 걱정으로 가득 찬 민아는 단톡방에 재미있는지 물어보지만, 친구들은 평소보다 대답이 늦습니다. '아, 진짜 내 걱정이 맞았어. 아이들이 날 따돌리려고 마음먹은 거야.' 자가 격리가 끝나고 학교에 가면 따돌림이 시작될 것만 같습니다.

또 다른 고등학생 은영이는 중간고사를 앞두고 시험을 망칠까 봐 걱정이 머리를 떠나지 않습니다. '공부를 열심히 했는데도 성적이 떨어질지도 몰라', '시험공부한 걸 다 까먹으면 어쩌지?', '시험 날 알람을 못 듣고 늦잠 자서 시험장에 못 들어갈 수도 있어', '내 앞에서 시험 보는 애가 다리를 떨지 않아야 할 텐데', '답안지를 밀려서 마킹하면 난 끝장이야!' 이런 걱정들로 은영이는 공부에 집중도 안 되고 자려고 누워도 도통 불안해서 잠이 오지 않습니다.

우리가 걱정을 하는 이유

민아와 은영이의 걱정을 보니 어떤 생각이 드나요? '왜 쓸데없는 걱정을 하는 거지?'라고 생각할 수도 있고, '오, 나랑 비슷하다'라고 생각하는 친구도 있을 거예요. 우리가 자꾸 걱정하게 되는 이유는 '뇌의 진화'에서 찾아볼 수 있습니다. 원시 시대의 인류를 떠올려 볼게요. 걱정 이야기를 하는데 뜬금없이 무슨 원시 시대냐고요? 캄캄한 숲속에서 바스락거리는 소리가 들린다고 해 봅시다. 숲속에 호랑이나 늑대와 같은 맹수가 있는지 보이진 않지만, 소리를 듣고 맹수가 있을 거라 걱정하고 이에 대비하거나 멀리 도망간 원시인들은 실제 맹수가 나타나더라도 살아남을 수 있었습니다.

반면, 별거 아닐 거라며 걱정하지 않고 아무런 대비를 하지 않은 원시인들은 맹수에게 잡아먹히는 바람에 살아남을 확률이 낮았습니다. 이처럼 걱정이 생존에 유리했기 때문에 걱정이 많은 조상들이 살아남았고, 뇌는 걱정하고 부정적인 생각을 하게끔 진화한 것입니다. 그러고 보면 걱정은 우리를 보호하고 미래에 대비할 수 있게 하는 긍정적인 역할을 합니다.

문제는 지나친 걱정입니다. 걱정이 너무 많으면 판단력이 흐려지고, 걱정하느라 많은 시간을 허비해서 정작 해야 할 일을 못하는 상황에 이르게 되는 거죠. 민아처럼 친구 관계에 너무 걱정이 많으면 사소한 일에도 따돌림을 당할까 봐 위축될 것이고, 은영이처럼 시험에 너무 걱정이 많으면 공부에 집중을 못해서 오히려 걱정한 대로 성적이 떨어지겠지요.

나에게서 걱정 떼어 놓기

걱정이 너무 많아서 걱정이 된다면, 머릿속의 걱정을 나에게서 떼어 놓는 것부터 시작해 볼게요. 우선 떠오르는 걱정들이 무엇인지 종이에 적어 봅니다. 머릿속에만 맴돌던 걱정을 적어서 보는 것만으로도 내가 걱정하는 것이 무엇인지 명확해지고 객관화해서 볼 수 있습니다. 그렇게 보면 내가 쓸데없는 걱정을 했는지 아니면 정말 필요한 걱정을 한 것인지 알 수 있고요.

걱정에서 벗어날 또 다른 방법으로 세계적인 베스트셀러 작가 세라 나이트의 책《걱정이 취미세요?》에서 제시한 방법을 소개해 볼게요. 작가는 사람이 걱정하는 일의 대부분은 실제로 발생할 확률이 낮다고 말하면서, 걱정이 실제로 발생할 확률을 1~5단계(1단계: 발생 가능성 매우 작음, 2단계: 일어날 수도 있지만 가능성 작음, 3단계: 가능성 있음, 4단계: 가능성 큼, 5단계: 불가피함)로 등급을 매겨 보라고 합니다. 그리고 발생할 확률이 높다면 걱정만 할 게 아니라 어떤 대처를 할 수 있을지 현실적인 고민을 해 보라고 말합니다. 마지막은 내가 통제할 수 있

는 일인지, 아니면 통제할 수 없는 일인지를 판단 후, 내가 통제할 수 없는 부분은 인정하고 받아들이는 것입니다.

앞서 다루었던 민아의 걱정을 해소해 볼까요? 먼저 친구들이 단톡방에 답이 늦는 건 민아를 따돌리려고 하는 게 아니라 놀이기구를 타느라 메시지를 늦게 봐서일 확률이 높아요. 친구들끼리 놀이공원을 가서 자신들만 공유할 추억이 생기는 건 민아가 통제할 수 없는 사실입니다. 하지만 그것 때문에 따돌림 당할지도 모른다고 생각하는 건 사실이 아니라 민아의 추측일 뿐이에요. 실제 발생할 확률도 적고요. 민아는 과거의 따돌림 경험 때문에 같은 상황이 반복될까 걱정하는 것이지만, 중학교 때 따돌렸던 친구들과 지금의 친구들은 전혀 다른 친구들이니 따돌림 당할 확률 역시 낮습니다.

민아가 할 수 있는 방법은 자가 격리가 끝나고 학교에 갔을 때 친구들과 새로운 추억을 만들어 가는 것입니다. 만에 하나 정말 걱정대로 아파서 함께하지 못한 민아를 따돌린다면 다른 사소한 이유로도 민아를 따돌릴 수 있는 친구들입니다. 친구들의 성향을 고치는 것은 내가 해결할 수 없는 것임을 깨닫고 차라리 다른 좋은 친구들을 사귀는 기회로 삼겠다고 생각한다면,

더 이상 걱정하지 않아도 된다는 것을 깨달을 수 있을 거예요.

은영이도 마찬가지입니다. 은영이가 걱정하는 일의 대부분은 일어날 가능성보다는 일어나지 않을 가능성이 더 높은 것들이에요. 확률이 낮지만 그래도 걱정이 된다면 시험 날 늦잠을 자지 않도록 알람을 여러 개 맞춰 두는 방법, 앞에 앉은 학생이 실제로 다리를 떤다면 감독 선생님을 통해 앞 학생에게 주의를 주는 방법, 마킹 실수를 하지 않도록 마킹 시간을 5분 정도 여유를 두어 두세 번 확인하는 방법 등 통제할 수 있는 현실적인 대처 방법을 세워 두면 됩니다. 그리고 공부에 집중하는 것이 은영이가 통제할 수 있는 범위에서 최선의 방법이겠지요. 혹 정말로 성적이 떨어진다 해도 이 시험 결과 하나로 대학 입시가 좌우되지는 않잖아요. 왜 성적이 떨어졌는지를 분석하고 다음 시험, 그리고 수능 시험에서는 같은 상황이 되풀이되지 않게 대비하는 기회로 받아들이면 되는 거예요.

저도 십 대, 그리고 고시 공부를 하던 이십 대 때는 걱정이 많은 성격이었습니다. 걱정의 대부분은 공부와 불안한 미래에 대한 것이었죠. 성적이 떨어지면 어떡하지, 수능 시험을 못 봐서 법대를 못 가면 어떡하지, 법대를 가도 사법 시험에 떨어지면 어떡하지 등 걱정의 연속이었어요. 다행히 걱정에 매몰되어 공부를 포기하진 않고, 걱정이 현실이 될까 두려워 열심히 공부했지만요. 하지만 변호사가 되어 사회생활을 하면서 별로 걱정하지 않는 성격으로 바뀌었습니다. 그럼 이렇게 말하는 친구들도 있을 거예요. "에이, 성격이 바뀐 게 아니라 사법 시험에 붙어 변호사를 하고 있으니 걱정이 없어진 거겠죠!"

아니요, 수능 시험을 준비할 때는 법대에 못 갈까 봐 걱정하고, 법대에 진학해서는 사법 시험이라는 또 다른 걱정이 생겼던 것처럼 사회생활을 하면서 오히려 걱정거리는 더 많아졌습니다. 사무실 운영에서부터 당장 내일 있을 재판에서 지면 어떡하지, 내가 없는 사이에 우리 아이가 다치면 어떡하지, 내가 아이를 잘 못 키워서 아이가 잘못되면 어떡하지, 어머니께서 수술

받은 병이 재발하면 어떡하지 등 걱정거리는 한도 끝도 없습니다. 그럼에도 별로 걱정을 하지 않게 된 결정적인 이유는 바로 변호사 일을 하면서 '걱정해도 달라질 건 없다'라는 사실을 깨달았기 때문입니다. 변호사는 즐겁고 기쁜 일이 있을 때가 아닌 안 좋은 일, 소송에 휘말렸을 때 찾게 되는 직업이에요. 그러다 보니 끊임없이 걱정하는 사람들을 만나게 됩니다. 그러나 사람들이 하는 걱정의 대부분은 지금 일어나지 않은 일이거나, 걱정을 해도 통제할 수 없는 것들이었습니다. 게다가 걱정을 한다고 해서 결과가 달라지는 것도 아닌데 스스로 만들어 낸 걱정에 몸과 마음이 먼저 지쳐 포기해 버리는 모습도 많이 보았고요.

그래서 걱정을 해도 일은 해결되지 않고 오히려 도움이 되지 않는다는 것을 알게 된 후부터는 걱정을 별로 하지 않게 되었습니다. 그리고 걱정을 하더라도 앞서 소개한 '걱정 해결하는 방법'을 통해 현재 내가 통제할 수 있는 범위에서 대비할 수 있게 하고 있고요. 여러분도 머릿속에 걱정이 차오른다면 미래에 대비할 수 있게 걱정이 제 역할을 하려는 구나, 하면서 걱정과 적당한 거리를 두는 습관을 들여 보는 건 어떨까요?

오늘도 찾아온 우울함과 무기력함

아무것도 하기 싫어

나영이는 요즘 들어 모든 게 귀찮고 무기력합니다. 공부는 물론이고 학교 가기도 싫고, 친구들을 만나는 것조차도 귀찮아요. 온종일 누워서 아무것도 안 하고 핸드폰만 보고 싶습니다. 사소한 것도 거슬리는데요. 엄마가 지나가면서 방이 지저분하니 방 청소를 하라고 했을 뿐인데 나영이는 '왜 나를 가만히 못 놔둬서 안달이야!' 하고 갑자기 짜증이 확 납니다. 또 친구들, 선생님의 말 한마디에도 쉽게 상처를 받습니다. 매일 늦은 밤까지 학원에 다니며 공부를 하느라 몸은 피곤한데, 며칠 전 친한 친구와 말다툼까지 겹쳐서 몸도 마음도 지쳐 버린 것 같아요. 몸이 피곤해서인지, 아니면 원래 이렇게 무기력하고 의욕 없는 성격이었던 건지, 이제 그만 우울감에서 벗어나고 싶지만 이유를 찾지 못해 내일도 모레도 똑같을 것 같습니다.

내가 우울한 이유

학교 폭력에 연루된 십 대 친구들을 만나 보면 많은 학생이 '우울감'을 이야기합니다. 이 때문에 병원에서 치료를 받거나 심리 상담을 진행하는 친구들도 많아요. 피해 학생은 자신이 당한 학교 폭력 사건 자체로 마음의 상처를 받고, 또다시 유사한 폭력을 당할 것에 대한 불안과 내가 못나서 피해를 당했다는 자책 등으로 우울해합니다. 의외로 가해 학생들도 우울감을 호소하기는 마찬가지예요. 자기가 왜 이런 일을 벌였는지에 대한 후회에서부터 자신을 학교 폭력 가해자로 바라보는 시선들, 계속되는 학교 폭력 조사와 징계 결과가 자신의 미래에 어떤 영향을 미칠지 등에 대한 걱정과 불안 때문이에요.

십 대 청소년들은 이런 학교 폭력뿐만 아니라 성적, 친구들 간의 갈등, 선생님과의 갈등, 미래에 대한 불안, 매일 반복되는 학교생활 등 다양한 이유로 우울해지곤 합니다. 이 우울감은 나영이처럼 무기력하고 만사 귀찮아지게 만들기도 하고, 입맛이 없어서 밥을 먹기 싫어진다거나 반대로 마음이 허전한 것 같아 계속해서 무언가를 먹는 등 폭식하게 만들기도 해요. 공부나 매사에 집중을 잘 못할 때도 많아지는데요. 우울감으로 머릿속이 멍하고 다른 잡생각들로 가득하기 때문에 매사에 집중하기가 어렵습니다. 때로는 이유 없이 자꾸 체하고 머리가 아프고 어지럽고 손이 저리거나 감각이 둔해지는 신체적 증세로도 나타납니다.

이 글을 읽으며 '아, 이렇게 우울해하는 친구들도 있구나'라고 생각이 든다면 아직 우울감을 느껴 본 적이 없는 친구들일 거예요. 각자 우울할 때의 증세를 알고 있다면 스스로 우울감을 느낀다고 금세 알아차릴 수 있겠지요. 하지만 모두 그렇지는 않습니다. 스스로 자신이 우울하다는 것을 충분히 알고 있는 친구들도 있는가 하면, 자신이 겪는 감정이 우울감인지도 모른 채 '난 왜 이렇게 활기가 없고 게으른 걸까'라며 성격 탓을 하다

3:25
검색
soul_seoul
131 게시물
208 팔로워
183 팔로잉
아카이브 Seoul 사진
Seoul archive by Monochrome photography.
Teenager
프로필 편집
프로필 공유

가 우울할 때 나타나는 증세를 보고서야 '어? 내 이야기인데? 내가 우울한 거였나?'라고 알아차린 친구들도 있을 거예요. 그럼 우울감을 느끼는 내가 이상하고 나만 특이한 걸까요? 우울하면 뭔가 잘못된 걸까요?

아니요, 우울감도 우리가 느끼는 여러 감정 중에 하나일 뿐입니다. 내가 우울감을 느끼는 것이지 우울감이 나의 성격이나 나 자체는 아닙니다. 지극히 정상적인 감정이니 누구나 우울감을 느끼게 되는 것이고요. 우울해지는 이유는 정말 다양합니다. 안 좋은 일을 겪어서 우울해질 수도 있고, 몸이 피곤할 때에도 우울해질 수 있습니다. 슬프고, 화가 나고, 기쁘고, 즐거운 것처럼 누구나 느끼는 감정이에요. 그래서 일시적으로 우울감이 든다면 내가 느끼는 하나의 감정으로서만 이해하면 됩니다.

우울한 마음이 들 때면

그래도 우울감 때문에 스트레스를 받는다면, 어떻게 떨칠 수 있을까요? 우울감에서 벗어날 수 있는 방법은 먼저 푹 쉬고, 푹 자는 것입니다. 몸과 마음이 지쳐 우울할 수 있으니 한숨 푹 자고 일어나면 기분 전환이 될 수 있습니다. 다음으로 산책하기를 권유하고 싶어요. 가급적 낮에 햇빛을 쬐며 걸으면 좋겠지만, 저녁에라도 상관없습니다. 목적지를 정해서 한참을 걷다 보면 마음이 정리되고 목적지까지 걸어왔다는 성취감이 무기력한 마음을 물리칠 수 있습니다. 방 청소하기도 한 방법이에요. 가장 눈에 잘 띄면서도 쉽게 성취감을 느낄 수 있는 방법이 바로 청소인데요. 주변이 어지럽고 더러우면 마음도 정리가 안 되거든요. 아무 생각 없이 방 청소를 하고 깔끔해진 방을 보면 기분도 상쾌하고 정리된 마음을 느낄 수 있을 거예요. 마지막 방법은 수다 떨기입니다. 우울할 때 누군가에게 고민이나 속마음을 털어놓거나 현재 내 감정 상태를 이야기하면 마음이 훨씬 홀가분해집니다. 또 여러 주제를 가지고 이런저런 수다를 떨다 보면 우울감을 잊고 기분 전환이 되는데, 실제 한 연구 결과에 의하면 사람은 대화를 하면 스트레스가 풀린다고 해요.

내가 우울증이라고?

그런데 만일 우울감이 일시적인 감정으로 그치지 않고 2주 이상 지속되고, 앞서 이야기한 우울감에서 벗어나는 방법을 해 봐도 나아지지 않는다거나, 이런 방법조차 시도할 수 없을 정도로 무기력해져 있다면 내가 우울증은 아닌지 생각해 볼 필요가 있어요. 이런 우울한 감정이 계속 지속되면서 생활 전반에 안 좋은 영향을 미칠 때 우울증이라고 하는데요. 의학적으로는 뇌의 신경 전달 물질인 세로토닌의 분비가 부족해지는 것이 우울증의 원인이라고 해요. 면역력이 약해졌을 때 감기 바이러스가 몸에 들어오면 감기 증세가 나타나듯, 뇌에 세로토닌 분비가 잘되지 않을 때 우울증세가 나타나는 것입니다. 우울증을 '마음의 감기'라 표현하는데요. 누구나 감기에 걸리듯 누구나 우울증에 걸릴 수 있습니다. 그러니 내가 큰 병에 걸렸다고 좌절하거나, 자신이 나약해서, 정신력이 약해서 우울증에 걸리는 것이 결코 아니라는 것을 알았으면 합니다.

내가 우울증인지 아닌지를 간단하게 진단해 볼 수 있는 방법이 있어요. 지난 2주 동안 나에게 이런 증상들이 얼마나 자주

	전혀 없음	2~6일	7~12일	거의 매일
1. 매사에 흥미나 즐거움이 없다.	0	1	2	3
2. 기분이 가라앉거나 우울하거나 희망이 없다고 느낀다.	0	1	2	3
3. 잠들기 어렵거나 자주 깬다 / 혹은 잠을 너무 많이 잔다.	0	1	2	3
4. 피곤하다고 느끼거나 기운이 거의 없다.	0	1	2	3
5. 식욕이 줄었다 / 혹은 너무 많이 먹는다.	0	1	2	3
6. 내 자신이 실패자로 느껴지거나 자신 또는 가족을 실망시켰다고 느낀다.	0	1	2	3
7. 신문을 읽거나 tv를 보는 것과 같은 일상적인 일에 집중하기 어렵다.	0	1	2	3
8. 다른 사람들이 눈치챌 정도로 평소보다 말과 행동이 느리다 / 또는 평상시보다 너무 안절부절못해서 가만히 있지 못한다.	0	1	2	3
9. 차라리 죽는 것이 낫다고 생각하거나 어떤 식으로든 자해를 하려고 생각한다.	0	1	2	3
총점				

점수	0~4	5~9	10~14	15~19	20~27
분류	우울 아님	가벼운 증상	경한 증상	중한 증상	심한 증상

일어났는지 체크하고 결과를 점수화해 보세요.*

그럼 이 우울증은 어떻게 해결해야 할까요? 예를 들어, 팔에 금이 가서 통증이 심하면 나을 때까지 가만히 기다리는 것이 아니라 곧바로 병원에 가잖아요. 감기가 심해져도 병원에 가고요. 우울증도 마찬가지로 병원에 가서 치료를 받고 전문가의 도움을 받는 것이 가장 좋은 방법입니다. 그런데 제가 우울감에 시달리는 친구들과 상담을 해 보면 정신과에 거부감을 보이는 경우가 많았어요. 정신과 약을 먹는 것도 싫고 주변의 시선도 신경 쓰인다고 하고요. 그리고 무엇보다 병원에 가서 '우울증'이라는 진단을 받으면 그 사실 자체로 더 힘들것 같다고 합니다. 하지만 이건 우울증에 대한 편견과 부정적인 인식 때문이에요. 앞서 이야기한 것처럼 누구나 우울증에 걸릴 수 있고, 그 원인이 세로토닌이라는 신경 전달 물질이 잘 작동하지 않아서라는 것을 알게 된다면 얼마든지 치료로 극복할 수 있다고 생각이 바뀔 거예요. 우울증으로 정신과 치료를 받을지 고민하는 친구들이 있다면 저는 적극 추천하고 싶어요.

---

* 국가건강검진에서 활용하고 있는 한글판 우울증 선별도구(Patient Health Questionnaire-9)

몸이 아프면 치료를 받는 것처럼

제가 마지막 사법 시험 준비를 하던 고시생 시절, 시험을 5개월 앞두고 청천벽력 같은 소식을 듣게 되었습니다. 바로 아버지의 말기 암 진단 소식이었습니다. 아버지를 간병하고자 본가로 내려갔는데, 아버지는 남은 기간 동안 시험에만 전념하라며 저를 다시 서울로 보내셨습니다. 서울로 돌아와 공부를 해야 하는데, 내가 시험을 빨리 붙지 못해서 나 때문에 아버지가 병을 얻은 것만 같고, 공부에 묶여 옆에서 아버지 간병도 하지 못하는 자신이 너무 한심하게 느껴졌습니다. 이러다 마지막 시험까지 붙지 못하면 어쩌나 하는 불안감이 머릿속을 맴돌았고요. 아무리 책상 앞에 앉아 있어도 책의 내용은 머리에 들어오지 않고 몇 날 며칠 울기만 했습니다.

이러다가는 진짜 시험도 망치고 아버지도 잃겠다 싶어 근처에 있는 정신과 병원을 찾아갔습니다. 의사 선생님께 한참 동안 왜 병원까지 찾아오게 되었는지 속 이야기를 털어놓았습니다. 그러다 보니 내가 언제 이렇게 남에게 내 이야기를 솔직하게 한 적이 있었나 하는 마음과 함께, 답답했던 마음이 좀 풀리는 기분이었습니다. 의사 선생님은 우울증세라며 약을 처방해 주셨고, 신기하게도 약을 먹으니 불안과 잡생각이 사라지고 다시 공부에 집중할 수 있었습니다.

요즘은 우울증이나 정신과 내원에 대한 편견도 많이 사라졌습니다. 현아, 송민호 등 많은 연예인이 우울증, 공황장애를 겪고 있음을 밝히며 치료도 받고 있다고 당당히 이야기하잖아요. 십 대 청소년들도 정신과 치료를 많이 받고 있어요. 정신과 진료를 위해 반드시 부모님 허락이 필요한 것은 아니에요. 하지만 내가 우울증세가 있는 것 같아 병원을 가려고 한다면 부모님과 상의 후 함께 가는 것이 좋겠지요. 혼자 병원을 가고 싶다면 병원마다 차이가 있으므로 방문 전에 청소년 혼자만 방문해도 되는지 확인해 보세요. 만약 도저히 병원 치료를 받기 어려운 상황이라면 상담 기관을 통해 조언을 구하는 것도 좋습니다. 당시에 제가 부모님께도, 친구들에게도 말하지 못했던 속마음을 의사 선생님께 털어놓을 수 있었던 건 나를 모르는 사람이기 때문인 것 같아요. 나를 잘 모르는 사람에게 내 이야기를 하는 것만으로도 마음이 한결 가벼워질 거예요.

지역별 청소년상담복지센터: 홈페이지 한국청소년상담복지개발원

(https://www.kyci.or.kr/)에서 지역 센터 검색

청소년상담 1388

- 전화: 지역번호 + 1388. 365일 24시간 운영
- 온라인 상담: www.cyber1388.kr 로그인 후 1:1채팅상담실에서 상담
- 카카오톡 상담: 카카오톡 메신저의 카카오톡 채널에서 '청소년상담1388'을 검색하여 친구 추가 후 채팅창에 메시지 보내기
- 페이스북 상담: 페이스북 메신저앱에 '청소년상담1388'을 검색한 후 상담 내용을 작성하여 보내기
- 문자 상담: 휴대폰 수신번호에 1388을 쓰고 상담 내용 작성하여 문자 보내기

나도
분노 조절 장애?

감정 조절이 안 되는 나

용건이는 언제부턴가 감정 조절이 잘 안 되는 것이 고민입니다. 한 번 화가 나면 참을 수 없이 분노가 치밀어 쏟아내야만 했어요. 친한 친구나 부모님께도 별것 아닌 일로 화를 내서 "분노 조절 장애가 있냐"라며 지적을 받기도 하고요. 그러던 어느 날 용건이는 동네 축구장에서 친구 지성이의 소개로 처음 만난 서원이와 함께 친구들과 축구를 했습니다. 용건이는 지성이와 서원이가 키나 외모가 비슷해 보여서 "어, 너희 둘이 닮았다"라고 했고, 주변 친구들도 "그러네? 둘이 닮았네?"라며 맞장구쳤습니다. 그러자 서원이는 갑자기 화를 내며 닮았다고 말한 무리를 향해 욕설을 했습니다. 그리고 이를 들은 용건이도 화를 참지 못해 서원이에게 다가가 다리를 걸어 넘어트렸는데, 서원이가 넘어지면서 팔이 골절되는 큰 부상을 입게 되었습니다. 서원이와 용건이는 이날 처음 알게 된 사이였는데도 두 학생 모두 순간적인 감정을 조절하지 못했고, 결국 팔 골절이라는 결과까지 가져오게 된 것이었어요.

감정 조절이 잘 안 되는 이유

청소년기에는 성인에 비해 굉장히 충동적이고 감정 조절이 잘 안 되는 특징을 보입니다. 이는 단순히 화를 참지 못하는 성격이어서가 아니라 충동, 감정 조절을 담당하는 뇌의 전두엽이 청소년기에는 아직 다 완성되지 않아서 의지만큼 조절되지 않기 때문이에요. 또 기분을 조절하는 신경 전달 물질인 세로토닌이 아동기나 성인에 비해 40퍼센트 정도 적게 분비되는 것도 원인이라고 해요.[•] 실제 학교 폭력에 연루된 학생들을 만나면 계획

• 최성애, 조벽 글,《청소년 감정코칭》, 해냄, 2012, 68쪽

적인 경우보다는 우발적이고 순간의 감정을 참지 못해 폭력으로 이어진 경우가 많습니다. 감정 조절을 못하면 인간관계뿐만 아니라 공부에도 방해가 되는데요. 공부하는 내용이 이해되지 않거나 문제가 잘 안 풀리면 스스로에게 화가 나고 실망감도 느껴지고, 더 나아가 이렇게 공부해서 성적이 떨어지면 어쩌나 하는 불안감으로 도무지 공부에 집중할 수 없습니다.

우리는 여러 감정을 느끼고 살아갑니다. 기쁨, 슬픔, 행복감, 상실감 등 여러 감정에는 좋고 나쁨이 없습니다. 분노 역시 마찬가지죠. 부당하거나 억울한 상황, 나에게 해를 줄 것 같은 상황이 발생했을 때 나를 지키기 위해 본능적으로 분노를 느끼는 것입니다. 따라서 분노라는 감정 그 자체는 나쁜 것이 아닙니다. 하지만 화가 날 상황이 아니거나 조금만 화를 내도 될 상황에서 치밀어 오른 화를 참지 못한다거나, 화를 잘못 표출하는 경우에는 문제가 있겠지요.

감정을 조절하는 방법

하지만 감정 조절이 잘 안 된다는 이유로 있는 대로 화를 내서는 안 되겠죠. 모든 청소년이 아무 데서나 화를 내거나 폭력으로 표출하지는 않잖아요. 그럼 우리가 실천할 수 있는 '감정을 조절하는 방법'에 대해 알아볼까요? 순간 화가 난다면 화를 내기에 앞서 몇 초만 잠시 숨을 고르고 차분히 생각해 보세요. 내가 왜 화가 나는지, 상대방이 나쁜 의도로 나를 화나게 하려고 그런 행동을 한 것인지를 말이에요.

앞서 용건이와 친구들이 서원이와 지성이가 닮았다고 했을 때 지성이는 아무렇지 않은 반면, 서원이는 욕을 했잖아요. 용건이는 처음 만난 서원이를 화나게 할 의도로 한 말이 아니었습니다. 또 반대로 서원이가 욕을 하자 같이 들었던 다른 친구들은 "왜 저래"하며 무시하고 넘겼지만 용건이는 예민하게 받아들였고 화가 났죠.

그럼 이 상황에서 성급하게 화를 내기 전에 두 사람은 어떤 행동을 할 수 있었을까요? 서원이는 닮았다고 비교된 지성이에게 "너는 나랑 닮았다고 하는 말에 화 안 나? 난 놀리는 것 같은

데?"라고 물어볼 수 있을 테고, 용건이는 친구들에게 "너희는 서원이가 욕하는 거 화 안나?"라고 확인할 수 있었을 겁니다. 그 이후에는 분노를 느꼈던 그 상황의 다른 측면도 생각해 봅니다. 서원이는 아무렇지 않은 지성이를 보며 '지성이는 나랑 닮았다고 해도 기분 나빠하지 않네. 내가 지성이에게는 괜찮은 친구인가 봐'라고 받아들일 수 있고, 용건이는 같은 상황에서 순간적으로 다른 친구들보다 화가 더 난다는 걸 스스로 깨닫는 계기로 삼을 수 있어요.

이렇게 했는데도 화가 풀리지 않는다면 무작정 폭력적인 방법으로 화를 내는 것이 아닌, 지금 할 수 있는 다른 방법이 무엇인지를 생각해 봅니다. 상대방에게 "이런 건 기분 나쁘다, 나를 화나게 한다"고 알려주거나, 혼자서 해결하기 어렵다면 선생님 또는 친구들에게 알리는 거예요. 도무지 방법이 없다면 심호흡을 하고 일단 자리를 피하도록 합니다. 감정은 1~2분 동안 유지될 뿐 24시간 지속되는 것이 아니라서 자리를 피하고 격한 감정이 가라앉으면 의외로 쉽게 화가 풀릴 수 있어요.

성숙한 감정 전달이 중요해

만일 시간이 지나도 마음에 남아 화가 풀리지 않는다면 화를 푸는 자신만의 방법을 만드는 것도 좋습니다. 제 방법을 이야기하자면, 고3 때 자꾸 저를 화나게 만드는 같은 반 남학생이 있었습니다. 공부도 잘하고 모범생으로 불리는 친구였는데, 고등학교 3년 내내 같은 반이다보니 편하다고 생각했는지 저를 너무 무례하게 대하는 것 같아 화가 났죠. 하지만 교실에서 그 친구에게 진짜 화를 내면 민망하고 껄끄러워질 상황이 싫어서 꾹 참았습니다. 시간이 지나도 화는 좀처럼 풀리지 않고 저는 기숙사에 돌아와 방에서 혼자 그 친구가 앞에 있다고 생각하며 온갖 욕설과 함께 싸우는 상상을 했습니다. 그러고 나면 마음이 후련해지고 화가 쌓이지 않더라고요. 고등학교를 졸업한 후 10여 년의 시간이 흐르고, 아버지가 돌아가셨을 때 그 친구가 먼 길에도 불구하고 장례식장에 찾아와 주었습니다. 그때 '아, 이 친구는 나에 대한 악의가 정말 없었구나'하고 깨달았습니다. 고3 수험생활을 하며 제가 예민해져 있어서 그 친구가 악의없이 한 행동을 나를 무시하는 거라고 받아들였던 거죠. 실제 저를 무시하거나 싫어했다면 슬픔에 빠진 저를 위로해 주러 장례식장까지 오진 않았을 거예요. 그런데 만약 그때 화가 나는 대로 그 친구에게 화내고 욕을 했다면 어땠을까요? 아마 그 친구와 제대로 이야기할 틈도 없이, 서로 감정이 꼬인 상태로 관계가 완전히 멀어졌을 거예요. 화는 날 수 있습니다. 하지만 화가 날 때마다 그대로 표출하는 사람이라면 곁에 있고 싶은 사람은 아무도 없겠죠. 감정 조절을 통해 성숙하게 감정을 전달한다면 가족들도 친구들도 나를 더 존중해 주고 좋아하게 될 거예요.

나를 해치는 나쁜 습관, 그리고 자해

괴로울 때마다 상처를 내고 싶어져

아인이는 남에게 손을 내보이는 것을 부끄러워합니다. 공부할 때 자기도 모르게 손톱과 주변 살을 물어뜯는 버릇 때문에 늘 손톱 주변이 빨갛고 상처가 나 있거든요. 아인이는 손톱을 안 뜯으려고 굳게 다짐하는데도, 공부에 집중하다가 어느 순간 손에 피가 나면 그제야 '내가 또 손톱을 뜯고 있었구나'하고 정신을 차립니다.

예준이는 과거 학교 폭력 경험으로 트라우마를 겪고 있습니다. 예준이는 일상생활을 하다가도 문득 괴롭힘을 당했던 일들이 떠올라 힘들고, 다른 친구들이 나를 괴롭히지는 않을까 불안한 마음도 생깁니다. 괴롭고 불안한 마음을 어찌해야 할지 모르다가 커터칼로 팔에 상처를 냈더니 순간적으로 마음이 시원해지고 답답함이 해소된 기분이 들었습니다. 이후로 예준이는 괴로운 생각이 들거나 답답할 때마다 자신의 팔에 상처를 내곤 했습니다. 자해하는 자신의 모습을 남들에게 들키고 싶지 않아서 한여름에도 긴팔을 입고 지냈죠. 그러던 어느 날, 부모님이 예준이의 팔에서 상처들을 발견했고 예준이는 부모님을 생각해서라도 다시는 자해를 하지 않겠다고 다짐했습니다. 하지만 며칠 지나지 않아 다시 팔에 상처를 내고 싶다는 마음에 사로잡혔어요. 아인이와 예준이는 왜 손톱 물어뜯기와 자해를 멈추지 못하는 걸까요?

나쁜 습관을 못 고치고 자해를 하는 이유

누구나 다양한 습관이나 버릇을 가지고 있어요. 하지만 그것이 나의 신체를 해치는 것이라면 나에게 도움이 되지 않죠. 나쁜 버릇이라는 것도 알고 이런 행동을 하고 싶지 않다는 생각도 간절한데 쉬이 고쳐지지 않아요. 우선 이런 버릇의 정의부터 내려볼게요. 의도적으로 자신의 몸에 상처 등 해를 입히는 행위를 통틀어 '자해'라고 부릅니다. 우리가 가진 버릇 중에 머리카락을 뜯거나, 신체 특정 부위의 살을 계속 뜯거나, 손톱을 물어 뜯는 버릇도 자해의 일종이에요. 또 스트레스를 많이 받은 날이면 매운 닭발, 불족발, 불닭볶음면 같은 매운 음식이 당긴다고 하잖아요. 매운맛은 실제로 맛을 느끼는 것이 아니라 통증이라고 하지요. 너무 매워 혀가 얼얼해서 연신 물을 마시고 속이 쓰리면서도 매운 음식을 먹는 것 역시 넓은 의미의 자해라 할 수 있습니다.

나에게 해를 입히는 나쁜 습관인 걸 알면서도 반복하는 이유는 무엇일까요? 캘리포니아 대학교 샌프란시스코 캠퍼스(UCSF) 의과대학의 트랜시 푸스 심리학과 교수에 의하면, 손톱을 뜯는 버릇이 생긴 사람들은 손톱을 뜯을 때 편안함을 느낀다고 해요.* 아인이의 경우를 살펴볼까요? 공부를 하다 보면 아무

* 영국 매체 〈인디펜던트〉, '손톱을 물어뜯는 이유와 고쳐야 하는 이유'

불닭

래도 긴장하거나 스트레스를 받게 되잖아요. 이처럼 긴장하거나 스트레스를 받는 상황에서 손톱을 뜯는 행동을 함으로써 일시적으로 긴장이 완화되기 때문에 나도 모르게 그 행동을 계속하게 되는 거예요.

또 다른 원인으로 완벽주의 성격을 꼽기도 합니다. 정신의학 저널에 게재된 연구 자료에* 몬트리올 대학 연구팀이 손톱을 뜯거나 머리를 뜯는 버릇을 가진 24명과 그런 버릇이 없는 24명을 대상으로 실시했던 실험이 등장합니다. 실험의 내용은 스트레스, 휴식, 욕구 불만, 따분함을 느낄 때의 반응을 관찰하는 것이었는데, 완벽주의 성향을 보이는 사람들이 스트레스 상황에서 주로 보이는 증상이 바로 손톱을 뜯는 행동이었다고 해요. 완벽주의적 성격 때문에 자신이 기대한 만큼 완벽하지 못하면 스트레스를 받고, 이 스트레스 때문에 손톱을 뜯게 되는 것이죠. 이런 행동이 버릇으로 반복되면 따분하거나 지루하다고 느낄 때에도 손톱이나 머리를 뜯게 됩니다.

다음으로 자해를 하는 이유를 알아볼게요. 자해를 하는 이

* 〈행동 치료 및 실험 정신의학 저널(The Journal of Behavior Therapy and Experimental Psychiatry)〉 3월호에 게재된 몬트리올 대학 연구 자료

유는 분노, 수치심, 괴로움, 자신에 대한 혐오 등 부정적인 감정에서 출발합니다. 피가 나는 모습을 눈으로 보고 신체적 고통을 느끼면서 순간적으로 정신적 고통을 잊게 되는 것입니다. 또 자해를 하면 실제로 몸에서는 기분을 좋게 하는 베타 엔돌핀 호르몬이 나온다고 합니다. 베타 엔돌핀은 강력한 진통 행복 신경전달 물질로 정신적 스트레스를 해소하는 작용을 하는데, 우리가 아플 때 먹는 진통제의 무려 200배에 달하는 진통 효과가 있다고 해요. 자해를 하면 뭔가 시원해지고 괴로움이 해소된 것 같다는 예준이의 표현이 그저 기분 탓은 아닌 거예요. 자해의 또 다른 이유로는 자신의 정신적 고통을 시각적으로 보면서 일종의 기록처럼 남기고자 하는 데 있어요. '자해계'라고 해서 SNS에 자신의 자해한 모습을 사진으로 찍어 남기고 불특정 다수와 공유하는 학생들도 있습니다. 이에 대해 일부에서는 일종의 관심을 받기 위함이라고도 하지만, 그보다는 내가 이만큼 힘들다는 것을 표현하고 기록하기 위한 것이라 할 수 있어요.

해결의 시작은 감정 알아차리기부터

결국 이런 나쁜 습관과 자해는 스트레스와 부정적인 감정을 풀기 위한 방법으로 굳어진 것이라는 걸 알 수 있어요. 하지만 이를 통해 일시적으로 스트레스가 풀리는 것 같아도 이러한 행동은 또 다른 스트레스를 가져오고, 신체적으로 아픔과 흉터까지 남긴다는 점에서 결코 좋은 행동이 아니라는 걸 알았을 거예요. 스스로에게 스트레스를 푼다는 건 곧 나와의 올바른 관계가 맺어지지 않아서 나를 함부로 대하는 것이기도 해요. 그래서 앞서 소개한 나와의 올바른 관계 맺기를 통해 나를 인정하고 소중히 여기도록 노력하면서, 스트레스 역시 건강한 방법으로 푸는 것이 좋겠지요.

먼저 내가 어느 순간에 손톱 뜯기, 머리 뜯기, 자해를 하는지를 생각해 보세요. 스트레스를 받는 순간에 자꾸 이런 행동들을 하게 된다면, 스트레스를 받거나 부정적인 감정이 드는 바로 그 순간에 자신의 감정을 알아차려 보는 거예요. 내가 왜 이런 행동을 하는지 이유를 알면 나쁜 습관을 하려는 순간, '내가 지금 스트레스를 받는구나, 초조하구나'하고 나의 감정을 알아차리는 것이 나쁜 버릇을 고칠 수 있는 첫 번째 단계입니다. 그리고 '버릇을 고쳐야 해'가 아닌 '버릇을 충분히 고칠 수 있어'라고 다짐해 봅니다. 무엇이든 의무로 받아들이면 나에게 또 다른 압박으로 다가오지만, 가능성으로 받아들인다면 할 수 있다는 자신감이 생기거든요.

다음으로 버릇이 자꾸 나오는 상황에서 손톱, 머리카락 등 신체 부위를 의식하도록 합니다. 예를 들어 손톱을 뜯는다면 손가락에 골무 등을 끼거나 광이 나는 투명 매니큐어 또는 영양제를 발라 손톱을 의식하는 것도 방법이에요. 도구를 이용할 수도 있는데, 종이를 잘게 찢는다거나 손 지압 마사지 볼을 한 손에 꽉 쥐고 굴리면 스트레스도 해소하고 나쁜 습관의 욕구를 전환시킬 수 있습니다. 온라인에서는 자해를 해소하는 방법으로 얼음 등 차가운 물건을 꽉 쥐기, 손목에 고무줄을 차고 다니면서 고무줄 튕기기, 빨간색 색연필로 대신하기 등 여러 가지가 소개되어 있는데요. 자해는 하면 할수록 더 강도가 세지는 일종의 중독과 같고, 건강까지 해쳐서 청소년 혼자서 해결하기 쉽지 않은 문제예요. 그래서 위와 같은 방법을 시도해 보다가 그래도 고쳐지지 않는다면 용기를 내서 부모님, 선생님 등 어른들에게 도움을 요청하고 심리 상담, 정신과 치료 등 보다 전문적인 도움을 받는 것이 필요합니다.

2

답답한 관계에서 도망쳐 자유롭고 싶어요

가까운 이들과
올바른 경계 짓기

어릴 때는 태어날 때부터 함께해 온 가족이 내 세상의 전부였다면,
십 대가 되면서 학교 친구들뿐만 아니라 선생님,
각종 대외 활동에서 만나는 사람들 등 복잡 다양한 인간관계가 생겨납니다.
그러다 보니 기존에 친밀했던 가족과의 관계에도 변화가 생기죠.
나에게도 사생활이 있는데 부모님은 나를 여전히 어린아이처럼
대하면서 간섭하고요. 자꾸만 비밀을 만든다면서 변했다고도 합니다.
부모님은 왜 변한 나를 인정해 주지 않는 건지 답답할 거예요.
가족들의 간섭 없이 자유롭게 살고 싶다는 생각을 하겠죠.

청소년 시기에는 가족보다는 새로운 관계에서의
'나'를 성립하려는 욕구가 강해집니다.
그러다 보니 가족처럼 가까운 이들과의 관계가 답답하고 불편해져요.
예전과 달라진 나를 이해해 주려 하는 것 같지도 않고
자꾸만 틀 안에 가두려는 것 같아 그저 자유롭고 싶은 마음뿐입니다.
그럼 하루라도 빨리 집에서 독립하는 것만이 답일까요?
이 장에서는 가까운 이들과의 올바른 경계를 만드는 것과
불편한 과거와 적당한 거리를 두는 법에 대해 알아보려 해요.
무조건 짜증내고 벗어나려 도망치기보다는,
서로를 이해하는 마음의 여유를 통해 관계의 경계를 짓는 법이 필요하니까요.

나를 힘들게 했던 과거에서 벗어날 수 없을 때

자꾸 나를 붙잡는 과거

민서는 중학교 1학년 때 2명의 가해 학생으로부터 사이버 폭력을 당했습니다. 자신들의 SNS에 민서를 욕하는 글을 올렸고 그 아래에는 가해 학생 친구들의 조롱 댓글들이 달렸습니다. 민서는 학교 폭력으로 신고를 했고, 가해 학생들의 학교 폭력이 인정되어 징계도 내려졌습니다. 민서는 경찰에도 모욕죄로 고소를 했습니다. 소년 재판을 앞두고 가해 학생들과 부모님들을 만날 기회가 있었고, 그들은 민서와 민서 부모님께 피해 회복을 위한 합의금을 제시하며 용서를 구했습니다. 민서 부모님은 사과를 받았으니 이제 그만 끝내자고 하셨고, 민서가 고소를 취하함으로써 사건은 종결되었습니다.

가해 학생들이 징계를 받고 사과도 하면서 사건은 종결되었지만, 정작 민서는 사건에서 벗어나지 못했습니다. 몇 년의 시간이 지나 고등학교에 진학하고도 민서 머릿속에는 가해 학생들이 올렸던 사이버 폭력의 글들이 맴돌았습니다. 민서는 공부에도 집중하지 못해서 결국 학업을 포기하다시피 했고, 과거의 아픔에서 벗어나기 위해 자해까지 했습니다. '내가 고소를 취하하지 않았더라면 트라우마에서 벗어날 수 있었을까?' '나한테 왜 이런 일이 생겨서 나는 평생을 괴로워해야 하는 거지?' '난 걔네 때문에 망가졌는데 SNS에서 걔들은 아무 일도 없었다는 듯이 잘 살고 있는 게 참을 수 없어!'

과거의 기억이 현재의 나를 괴롭혀요

어릴 적 부모님의 이혼으로 자신은 현재도, 앞으로도 불행할 수

밖에 없다는 학생, 국가 대표 선수가 꿈이었지만 과거 운동부 감독님의 차별로 운동을 그만두었다는 학생, 절친이 뒤에서 나를 험담했다는 것을 알게 된 뒤로는 친구들을 믿지 않는다는 학생 등 민서를 포함한 이 친구들이 힘든 이유는 바로 과거의 안 좋은 경험 때문입니다. 제가 만나는 학생들 중에는 과거에 겪은 안 좋았던 일들을 지금이라도 해결하고 싶다며 상담을 요청하는 친구들이 있습니다. 때로는 성인이 되어서 청소년 시절의 과거 경험을 털어놓으며 지금이라도 어떤 법적 조치를 취할 수 있는지 묻는 어른들도 있어요.

왜 지난 일에 대해 책임을 묻고 싶은지 상담을 하다 보면 공통점을 발견합니다. 바로 "과거로부터 벗어나고 싶다"라는 바람입니다. 과거의 기억을 떨쳐 내려 하고 마음도 다잡으며 여러 방법을 찾다가 '나에게 상처를 줬던 그들이 처벌받으면 과거로부터 벗어날 수 있지 않을까' 하는 결론에 다다른 것입니다. 학교 폭력의 피해자가 가해자들에게 연락하면 "내가 언제 그랬냐"며 기억도 못하는 경우가 많아요. 학교 폭력 가해자들, 나를 차별했던 선생님처럼 상대방은 자신이 나에게 상처를 줬는지 기억도 못하고, 어쩌면 나라는 존재를 기억하지 못할 수도 있어요. 지금 내 곁에는 상처 준 상대방들도 없고, 과거는 그저 기억 속에 남아 있을 뿐인데 왜 우리는 과거에서 벗어나지 못하는 걸까요?

그 이유를 인간의 뇌 구조에서 찾을 수 있다고 해요. 인간의 뇌는 크게 파충류의 뇌(본능의 뇌), 포유류의 뇌(감정의 뇌), 인간의 뇌(이성의 뇌)의 세 부분으로 이루어져 있는데요. 파충류의 뇌는 생명을 유지하는 신체 기능을 관리하는 부분이고, 포유류의 뇌는 기억과 감정, 호르몬을 관리하는 부분입니다. 그리고 인간의 뇌는 감정을 조절하고 이성적 판단을 하는 부분입니다. 그런데 포유류의 뇌는 경험을 기억할 때 단순히 사건만 저장하는 것이 아닌, 미래에 비슷한 상황에 대비하도록 사건과 부정적인 감정을 구분하지 않고 섞어서 기억을 저장한다고 해요.

여러분은 의문이 들 거예요. "그래요, 인간의 뇌 중 포유류의 뇌 부분 때문에 과거의 기억에 부정적인 감정이 작용하는 것도 알겠어요. 우리는 뇌를 바꿀 수 없는데, 그럼 이 뇌 구조 때문에 어쩔 수 없이 과거로부터 벗어나지 못하고 계속 괴로워해야 한다는 건가요?"

내버리기, 다시 기억하기, 용서하기

우리는 과거에서 얼마든지 벗어날 수 있습니다. 바로 포유류의 뇌와 함께 '인간의 뇌(이성의 뇌)'가 있기 때문이에요. 루이스 L. 헤이는 책《치유: 있는 그대로의 나를 사랑하라》에서 과거로부터 벗어나는 방법으로 '내버리기'와 '용서'라는 두 가지 방법을 소개하고 있습니다. 저는 여기에 더해서 총 세 가지, '내버리기', '다시 기억하기', '용서'를 제안하고 싶어요. 먼저 내버리기는 이미 바꿀 수 없는 과거임을 받아들이고 과거의 경험과 감정을 흘려보내는 것입니다. 루이스 L. 헤이는 이 방법으로 버리고 싶은 기억과 감정을 글로 작성해 볼 것을 제안합니다. 막연하게 머릿속을 맴도는 안 좋은 과거와 감정을 글로 적으면서 차분하게 의식해 볼 수 있을 거예요. 다음으로 다시 기억하기 방법입니다. 과거의 기억은 인간의 뇌에서 재해석할 수 있어요. 신기하게도 포유류의 뇌는 과거의 기억을 오늘날에 재해석하면 그 기억이 재해석한 내용으로 저장된다고 해요. 이 방법으로 과거로부터 벗어난 혜영 씨 이야기를 해 볼게요.

혜영 씨는 초등학생 때 1년여 동안 종교 시설에서 학대를 당했어요. 그 학대 경험이란 종교 시설의 지도자가 어린 학생이었던 혜영 씨에게 마귀가 씌었다면서 비난하고 나쁜 아이라고 공개적으로 말하고 다닌 것이었어요. 혜영 씨는 초등학교 졸업 전에 그 종교 시설을 빠져나오면서 학대에서는 벗어났지만, 학대 후유증으로 우울증과 공황장애에 시달리다 고등학교도 자퇴해야 했어요.

혜영 씨는 성인이 되어 우연히 아동 학대 기사를 읽고 나서야 자신이 어릴 적에 겪은 일이 바로 아동 학대라는 것을 알게 되었습니다. 그리고 과거로부터 벗어나기 위한 방법으로 그때의 가해자를 벌하고자 경찰에 고소를 했습니다. 혜영 씨와 저는 고소를 하기 위해 혜영 씨의 과거 기억을 하나씩 꺼내 정리하는 작업을 했습니다. 혜영 씨는 그 과정을 통해 자신이 잘못한 것이 아니라 모든 것이 가해자의 잘못된 행동이었다는 사실을 깨달았어요. 그러면서 어릴 적 아동 학대를 당하며 무기력하기만 했던 기억이, 현재의 혜영 씨가 적극적으로 가해자에 대항하는 기억으로 재해석되기 시작했습니다. 결국 가해자는 아동 학대가 인정되어 범죄자로 법정에 서게 된 것은 물론, 혜영 씨는 과거로부터 완전히 벗어나 멋진 사업가로 변신했죠.

마지막으로 용서에 대해 알아볼게요. 루이스 L. 헤이를 비롯한 많은 심리학자, 전문가들은 용서가 최종적으로 과거로부터 벗어나는 방법이라고 해요. 사과도 하지 않은 그들을 어떻게 용서하라는 건지 화가 날 수도 있어요. 용서란 상대방의 나쁜 행동을 받아들이거나 괜찮다고 여기는 것이 아닙니다. 용서란 상대방이 분명히 나쁜 행동을 했고 나에게 상처를 주었음을 전제로 하면서, 나의 감정을 과거의 상대방이 아닌 내가 통제하도록 하는 것입니다. 아직은 여러분에게 용서라는 개념이 와닿지 않을 수 있어요. 지금은 용서할 마음이 들지 않을 수 있고요. 용서하기 싫다면 지금 당장 용서하지 않아도 돼요. 다만 상대방을 용

서할지 말지에 대한 언제나 주도권은 나에게 있다는 것, 그것을 아는 것만으로도 과거의 기억에 예전만큼 흔들리지 않을 거예요.

과거의 나와 현재의 나 사이에 관계 맺기

혜영 씨는 용서 단계를 거치지 않고도 다시 기억하기 방법만으로 과거에서 벗어날 수 있었는데요. 혜영 씨는 그동안 자신을 괴롭힌 것이 '가해자'가 아닌 '과거의 기억'이었음을 깨달음으로써, 가해자가 이제 자신의 인생에 아무런 영향을 미치지 않는 존재가 되었다고 했어요. 혜영 씨가 다시 기억하기를 하지 않았다면 가해자가 처벌받았어도 여전히 과거의 기억 때문에 괴로웠을 거예요. 과거를 다시 기억한다는 것은 과거의 나와 현재의 내가 다르다는 것을 구분 짓고, 과거의 기억이 현재의 나에게 너무 다가오지 않도록 과거와 나의 관계를 다시 정리하는 것이기도 해요. 그렇게 점점 거리를 두다 보면 과거의 기억에서 벗어난 나를 발견할 수 있을 거예요.

나를 이해하지 못하면서 자꾸 간섭하는 부모님

부모님은 내 편이 아니야

고등학생 서준이는 웹툰을 보는 것이 취미입니다. 공부하다가 머리를 식힐 겸 웹툰을 보곤 했는데, 보면 볼수록 재미있고 매력 있어서 이제는 진로 목표를 웹툰 작가로 정했습니다. 본격적으로 웹툰을 배우기 위해 웹툰 학원을 다녀야겠다는 결심을 하고 부모님께 말씀드렸습니다.

서준: 엄마, 저 웹툰 학원 등록하게 돈 좀 주세요.

엄마: 웹툰? 아니 공부할 시간도 모자랄 판에 무슨 웹툰 학원이

야? 도대체 넌 뭐가 되려고 그러니?

서준: 저 웹툰 작가가 될 건데요.

엄마: 웹툰 작가? 웹툰 작가는 아무나 되는 줄 알아? 공부 안 하려고 괜히 핑계 대지 말고 공부나 해. 공부를 잘해야 사회에서 인정받고 제대로 된 직업을 가질 거 아냐.

서준: 제대로 된 직업이 뭔데요?

엄마: 그럼 웹툰 작가가 제대로 된 직업이냐?

서준: 엄마는 그럼 공부 잘해서 지금 힘들게 일하는 거예요?

엄마: 뭐! 야! 이놈의 자식 버르장머리 없는 거 봐, 지금 엄마한테 뭐라고 했어!

서준이와 엄마의 대화는 어디서부터 잘못된 걸까요? 꿈도 목표도 없던 서준이에게 웹툰 작가라는 목표가 생겨 의욕적으로 배워 보려고 했는데, 응원은커녕 "웹툰 작가는 아무나 되는 줄 아냐"며 비웃는 엄마의 반응이 속상하기만 합니다. 서준이는 말로는 엄마를 이길 수가 없으니 결국 엄마의 감정을 건드리는 말을 해 버리고, 더 이상 대화는 이어지지 못했죠.

중학생인 예원이는 침대에 누워 한참 동안 친구들과 SNS

로 낮에 학교에서 있었던 일에 대해 이야기를 하고 있습니다. 한창 중요한 이야기를 하고 있는데 아빠가 방문을 열고 들어와 "이제 핸드폰 그만 보고 자라"고 하십니다. "알았어"하고 계속 핸드폰을 들여다보고 있는데 아빠는 "핸드폰 안 끌 거야? 매번 늦게까지 핸드폰을 보니까 네가 아침에 피곤해하지"하며 또 잔소리입니다. SNS 소통이 친구들과 관계에서 얼마나 중요한지 알지도 못하면서 그저 핸드폰만 한다고 생각하는 아빠에게 짜증이 난 예원이는 "왜 알지도 못하면서 간섭이야!"라고 소리를 칩니다. 결국 아빠의 언성이 높아지고 엄마가 말리러 오면서 상황은 종료됩니다.

부모님은 왜 나를 이해하지 못하는 걸까?

분명 어릴 때는 부모님과 친하게 지냈을 거예요. 그런데 왜 시간이 지날수록 부모님은 나를 이해하지도 못하면서 간섭하는 것처럼 느껴질까요? 부모와 자식 사이에는 갈등이 없을 것 같고, 또 없어야 한다고 생각할 수 있지만 부모 자식 간에도 갈등이 생기는 건 당연해요. 서로 좋아해서 결혼까지 하신 엄마, 아빠도 다툴 때가 있는데 하물며 30년가량 세대 차이가 나는 부모님에게 나를 이해할 수 없는 부분들이 생길 수밖에 없는 거죠. 부모님은 자신의 세대에 경험했던 것들을 기준으로 판단하는 반면, 여러분은 십 대로서 현재 경험하는 것들을 기준으로 판단을 하게 되죠.

서준이와 서준이 어머니도 마찬가지예요. 웹툰 작가로 성공하면 억대 연봉은 물론 명성까지 얻을 수 있지만, 부모님은 웹툰 작가가 무엇을 하는 직업인지, 또 소득은 어떤지 잘 모르기 때문에 부모님 세대가 생각하는 이른바 '제대로 된 직업'과는 거리가 멀다고 생각하는 거예요. 그러다 보니 서로에게 상처 주는 감정적인 말을 하게 되고, 결국 대화는 이어지지 못한 채 갈등만 쌓여 가는 거죠. 예원이 아버지도 예원이와 친구들이 SNS로 소통하며 소속감을 느끼는 것을 모르고 그저 쓸데없이 핸드폰만 한다고 여긴 거고요.

여러분이 특히 부모님께 짜증을 내는 순간은 바로 부모님이 간섭한다고 느낄 때입니다. 그럼 부모님은 왜 여러분을 간섭하는 걸까요? 우리가 잠시 부모님 입장이 되어 보면 어떨까요. 부모님도 우리가 태어났을 때 부모가 된 것이 처음이었어요. 서툴지만 밤낮으로 갓난아기를 돌보고, 아이가 좋아할 것들을 마음껏 해 주기 위해 열심히 노력해야 했죠. 여러분이 매일매일 자라며 달라지는 모습을 보면서 기뻐하고, 나를 보며 웃고 재잘재잘 이야기를 쏟아내는 여러분을 보며 그 존재 자체로 행복을 느꼈어요. 자신에게서 한시도 떨어지지 않으려하는 아이를 위해 부모님은 삶의 많은 부분을 내려놓기도 하고 포기해야하는 부분도 있었지만 그것마저도 행복이었습니다. 그러던 내 아이가 어느 순간부터 나를 거부하고 간섭한다며 짜증을 냅니다. 부모님은 그대로인데, 그저 예전처럼 챙겨 주려던 것뿐인데 서로에게 전부였던 사이가 이렇게 변하다니 너무 마음이 아파요.

나부터 부모님을 이해해 보기

어느 중학교에서 도덕 시간에 부모님을 관찰한 후 부모님께 마음을 담은 칭찬을 30번 하고, 이를 일기로 기록하는 과제를 학생들에게 내주었습니다. 학생들은 "칭찬은 부모님이 하는 것이지 내가 어떻게 하냐", "쑥스러워서 못하겠다", "부모님 칭찬할 게 없다"라며 처음에는 다들 어색해했어요. 학원을 배웅해 주는 엄마에게 "엄마가 이렇게 매일 학원에 배웅해 주셔서 제가 공부를 잘하게 되었어요"라고 하니 엄마의 대답은 "네가 무슨 공부를 잘한다고 그래?"라며 이어지는 잔소리. "아빠는 있는 그대로 사랑스러워요"라고 하니 "너 뭐 잘못 먹었냐?"라는 무안하고 서운한 말이 돌아왔죠. 무엇보다 학생들이 난감했던 건 눈을 씻고 찾아봐도 칭찬 거리가 30개가 되지 않는다는 거였어요. 학생들은 부모님의 말, 행동, 표정 하나하나를 유심히 관찰하기 시작했고 관찰은 관심으로 바뀌어 갔습니다. 그리고 엄마, 아빠라는 이름에 가려진 부모님의 다양한 모습이 있다는 걸 깨닫게 되었다고 해요.•

• EBS 지식채널 e, 〈엄마가 울었다〉 편, 2013년 12월 5일

우리는 부모님에 대해 얼마나 잘 알고 있을까요? "엄마, 아빠는 나를 너무 몰라 줘. 나를 이해 못하는 부모님이 답답해"라고 투덜대지만 정작 우리 역시도 부모님에 대해 잘 모르고 있어요. 갈등이 생기고 소통이 안 되는 이유는 서로에 대해 잘 몰라서인 경우가 많아요. 내 나이 때 부모님의 꿈은 무엇이었는지, 지금의 부모님 직업과 어릴 적 꿈이 다르다면 왜 바뀌게 되었는지 등 관심을 갖고 부모님과 대화의 시간을 가져 보세요. 그리고 앞서 말한 도덕 시간 과제처럼 부모님을 관찰하면서 부모님은 무엇을 좋아하는지, 어떤 칭찬 거리가 있는지를 찾아보고 직접 칭찬을 해 본다면 나부터 부모님을 이해할 수 있을 거예요.

부모님과 올바른 거리를 설정하자

아무리 한집에 사는 사이여도 부모님의 생각과 생활이 있고, 나도 나만의 생각과 생활이 생기기 마련이에요. 그런데 부모님은 어릴 때처럼 나에 대해 모든 걸 알고 있다는 생각으로 대하니, 나는 그게 불편한 간섭으로 느껴질 수밖에요. 부모님과 내가 서

로를 이해하는 것에도 적당한 거리가 필요합니다. 그림 감상을 예로 들어 볼게요. 레오나르도 다빈치의 〈모나리자〉 그림을 아주 가까이에서 보면 모나리자의 입과 눈밖에 보이지 않겠죠. 모나리자가 어떤 표정을 짓고 있는지 알 수 없어요. 반면 그림을 멀리서 본다면 어렴풋하게 형체만 보일 뿐 마찬가지로 어떤 표정인지는 알 수 없어요. 어릴 때처럼 관계가 너무 가까워도, 반대로 간섭이 싫다고 너무 거리를 두어도 서로를 이해하기 어려울 거예요.

부모님과 적당한 거리를 두면서 나를 이해할 수 있게 하려면 부모님과 소통하는 것부터 실천해야 해요. 서준이의 경우 웹툰 작가라는 직업에 대해 잘 모르는 부모님께 무작정 웹툰 학원을 보내 달라고 한다면 설득하기가 어렵겠죠. 부모님께 나의 의견을 전달하고자 한다면 객관적인 근거를 가지고 부모님이 이해할 수 있도록 해야 합니다. 웹툰 작가라는 직업이 왜 좋은지, 웹툰 작가의 꿈을 가지게 된 계기는 무엇인지, 웹툰 작가가 되기 위한 과정은 무엇이며, 어떤 과정을 거쳐 최종적으로 웹툰 작가가 되려고 하는지, 그 과정에서 웹툰 학원이 왜 필요하고 무엇을 배울 수 있는지를 구체적이고 이해할 수 있게 말씀 드리는 거예요. 그럼 부모님도 단순히 공부하기 싫어서가 아니라는 걸 납득하시겠죠.

이렇게 노력했음에도 부모님과 어쩔 수 없이 부딪히게 된다면 잠시 자리를 피하는 것도 좋아요. 감정이 격해져서 서로에게 감정적인 말을 쏟아내다 보면 대화가 아닌 싸움이 될 수 있기 때문이에요. 다만 부모님이 이야기하는데 무작정 말을 자르고 방에 들어가 버린다면 부모님은 무시당한다고 생각해서 화가 나겠지요. 그러니 부모님께 "지금은 대화하고 싶지 않아요. 제가 생각을 정리할 수 있도록 시간을 주세요. 다음에 이야기해요"라며 나중에 대화할 기회가 있다는 것을 알려 드리면 좋겠죠.

자녀와 잘 지내고 싶지 않은 부모님은 없습니다. 부모님도 우리와 잘 지내 보려고, 어떻게 하면 나를 이해할 수 있을지 나름 고민하고 노력하고 계실 거예요. 하지만 부모님의 일방적인 노력만으로는 안 되겠지요. 세상에서 가장 든든한 내 편이 되어 주는 부모님과 잘 지낼 수 있도록 여러분도 함께 노력해 보도록 해요.

형제자매,
친구일까 경쟁자일까?

차라리 외동이었으면

민재는 연년생인 남동생이 자꾸만 거슬립니다. 남동생 민호는 모범생으로 공부도 잘해서 부모님이 자랑스러워합니다. 반면 민재는 사춘기에 접어들면서 공부에는 당최 흥미가 없습니다. 학교에서 사고도 몇 번 일으켜서 부모님이 학교에 오시기도 했어요. 엄마는 민재에게 핀잔을 줍니다. "너보다 어린 민호는 알아서 자기 할 일 다 하고 공부도 열심히 하는데 넌 어떻게 된 애가 동생보다 못해?", "같은 배에서 나왔는데 누굴 닮아서 저렇게 다른지 모르겠네" 등등. 민재는 동생과 비교당하는 게 너무 싫습니다. 학교에서도 민재는 '학생 회장 민호의 형'으로 알려져서 선생님들은 "네가 민호 형이냐?", "동생은 학생 회장까지 하는데 네가 사고 치면 안 되지"라며 한마디씩 합니다. 민호가 특별히 잘못한 것도 없는데 방에서 공부하고 있는 모습만 봐도 짜증이 나고 집에 있기가 싫어집니다. 그러다 보니 민재는 밖에 나가 친구들하고 밤늦게까지 어울리는 횟수도 잦아졌고요. 동생과 비교당하는 것이 너무 싫은 민재는 있는 그대로의 자신을 봐 줬으면 좋겠다고 합니다.

가장 먼저 만나는 동맹군이자 경쟁자, 내 영역이 필요해!

여러분은 형제가 있나요? 외동인 친구들을 만나면 자신이 외동이라 부모님 사랑을 독차지할 수 있어서 좋다는 사람도 있지만, 형제가 있는 친구들이 부럽다는 사람도 있습니다. 반면 형제가 있는 경우, 민재처럼 차라리 외동이 되고 싶다고 말하는 사람들도 있죠. 형제는 세상에 태어나서 만나는 첫 친구이자 경쟁자라고 합니다. 어울려 놀 때는 친구보다 더 친한 사이였다가도 집에 있는 물건 하나를 놓고 누가 먼저 사용할지, 간식을 나눠 먹을 때에도 누가 더 많이 먹을지 경쟁을 하게 되지요. 평생 부모님의 관심과 보살핌을 나눠 가져야하니 부모님 다음으로 가장 가까운 사이이면서도 경쟁하는 사이일 수밖에요. 만나기만 하

면 서로 못 잡아먹어서 안달일 만큼 싸우는 형제 때문에 집에 들어가기 싫다는 친구, 민재와 같이 형제와 비교당해서 괴로운 친구, 형제와 차별하는 부모님 때문에 속상하다는 친구, 형제와 싸우기 싫어서 바깥으로만 돌다가 비행까지 저지르는 친구 등 형제와의 갈등은 생활 전반에 영향을 주기도 하는데요. 나의 형제는 나에게 왜 그러는지, 갈등이 생기는 이유가 무엇인지 각 형제 입장에서 알아볼까요?

▶ 첫째라는 부담감: 내가 엄마 아빠도 아닌데!

첫째는 동생이 태어나기 전까지 부모님의 사랑을 독차지합니다. 경쟁자 없이 부모님의 사랑은 온전히 자신만의 것이지요. 그러던 어느 날, 조그마한 동생이 나타나면서 부모님은 동생에게만 신경을 쏟고, 사랑을 빼앗긴 기분이에요. 나만의 것이었던 옷, 장난감을 나눠 써야 하는 것도 억울한데, 부모님은 자꾸 동생에게 양보하라고 해요. 게다가 첫째니까 동생에게 모범을 보여야 한다며 의젓하게 행동하라고 합니다. 혼자 있고 싶은데 동생과 놀아 주고 돌봐 주라니. 나도 아직 어린데 왜 나에게만 양보를 요구하는지, 첫째라는 이유로 기대하는 것이 많아지는 부모님 때문에 자꾸 진짜 감정을 감추게 됩니다.

▶ 늘 막내인 것에 대한 반항심: 나도 내 영역이 필요해!

그럼 동생은 집의 막내로서 부모님의 사랑을 받고 첫째의 양보와 돌봄을 받으니 불만이 없을까요? 아니요, 나도 나만의 것을 갖고 싶은데 형 또는 언니, 오빠가 썼던 헌 옷과 장난감을 물려받으래요. 부모님은 첫째인 형이 먼저라고 하고, 끊임없이 형과 나를 비교합니다. 왜 형이 내 기준이 되는지 모르겠어요. 나도 생각이 있는데 자기 말만 옳다는 형에게 대들기라도 하면 부모님은 형한테 그러면 안 된다며 나무라곤 하죠. 결국 동생은 부모님과 첫째에게 반항심이 생기고, 떼쓰는 방식으로 나만의 영역을 만들어 가려고 해요.

다름을 인정하고, 서로의 영역과 경계 존중하기

같은 부모님의 보살핌 아래 같은 집에서 생활하는 사이이지만,

나와 형제의 처지와 생각, 성격은 완전 다르다는 사실을 인정해야 합니다. 어느 지점에서 형제와 갈등이 생기는지를 생각해 보고 형제와 대화를 통해 서로 지켜 줘야 할 것들은 무엇이 있는지를 알아보는 것이 필요합니다. 그리고 서로의 장점이나 상대의 부러운 점에 대해서도 솔직하게 이야기해 보고요.

그런데 내가 이렇게 형제와 잘 지내고 싶은 마음이 있어도 형제가 나에게 적대감을 갖고 도무지 관계를 풀려는 의지가 없을 수도 있어요. 또 내가 형제와 너무 안 맞아서 이런 대화조차도 시도하지 못할 수도 있고요. 이럴 때는 어쩔 수 없습니다. 시간을 두고 집에서 최대한 형제와 안 부딪히도록 하는 것이 좋습니다. 적절한 거리두기를 통해 서로의 영역과 경계를 존중하는 것이 필요합니다. 너무 안 맞는 형제라도 평생 같이 사는 게 아니고 어차피 성인이 되면 서로 떨어져 살잖아요. 그리고 학교에서 돌아와 잠자는 시간을 빼면 어차피 집에서 형제와 만나는 시간은 얼마 되지 않습니다. 형제가 시비를 걸면 자리를 피하거나, "그래, 네 말이 맞아"라며 동의해 보세요. 그럼 시비를 걸고 싸우려던 형제는 기대했던 반응과 달라서 맥이 빠지고 민망할 거예요. 부딪히는 순간이 생긴다면 어떻게든 이기려고 하는 마음을 내려놓는 것도 방법입니다. 솔직히 나보다 나이 많은 형, 누나, 오빠를 이겨서 뭐하겠어요. 어린 동생 이겨서 뭐 얼마나 좋을 것도 없습니다.

다름을 인정하는 데서 나를 찾기

친구들과 상담을 하다보면 집밖에서 일으킨 문제 행동이나 학교에서 일어나는 갈등이 가족 내의 관계에서 비롯된 경우들을 발견하곤 합니다. 앞서 동생과의 비교가 싫었던 민재가 그랬듯이 동생과는 정반대 성향의 친구들과 어울려 자신의 존재를 찾으려 한다거나, 부모님의 관심과 사랑을 두고 벌이는 경쟁과 질투심이 학교생활에서 친구에 대한 질투심과 관계에 대한 압박감 등으로까지 이어지는 것입니다. 가족 안에서의 올바른 관계 맺기는 그래서 중요합니다.

노는 친구들과 어울려 자신의 존재를 찾으려 했던 민재는 술과 담배, 그리고 나쁜 행동을 하며 오히려 자신의 모습을 잃어 가는 것 같았습니다. 억지로 술을 마시니 몸은 힘들고, 친구들은 민재를 함부로 대했어요. 벗어나고 싶어도 친구들의 굴레에서 벗어나지 못한 민재는 결국 가족에게 도움을 요청했고, 부모님은 학교와 경찰에 비행 사실을 알려 더 이상 친구들이 민재에게 접근하거나 함부로 대하지 못하게 했습니다. 동생 민호는 민재의 곁에서 등하교도 함께하며 친구 역할을 해 주었고요. 민재는 부모님께 동생과 비교당하는 형이 아닌, 나 자체로 인정받고 있다는 걸 깨달았어요.

형제자매는 여느 친구들과 아주 다른 특징이 있습니다. 바로 유전자를 나눈, 부정할 수 없는 공통점을 가진 사이라는 거예요. 부모님 다음으로 공통점이 많은 든든한 동맹군이 될 수 있다는 뜻이기도 하지요. 떼려야 뗄 수 없는 사이라면 서로 경쟁하는 사이로만 대하지 말고 서로의 처지를 잘 이해하는 한 편을 이루는 관계로 바라보는 건 어떨까요?

일상에서 도망치고 싶을 때

일탈 행동을 하는 나

지율이는 중학생이 되면서 친구들과 관계 맺기가 어려워졌습니다. 친하다고 생각했던 친구들 사이에서 따돌림을 당하게 된 것입니다. 학교에서 친구 맺기가 어려워지니 지율이는 SNS에서 친구들을 사귀기 시작했습니다. SNS에서 알게 된 친구들은 소위 '일진'이라 불리는 친구들이었습니다. SNS에 몰두할수록 부모님은 지율이에게 SNS 좀 그만하라는 잔소리가 늘었습니다. "엄마 아빠는 내가 학교에서 어떻게 지내는지도 모르면서!" 지율이는 속상하기만 합니다. 지율이가 SNS 친구들에게 부모님하고 싸웠다고 이야기하니, 친구들은 재워 줄 테니 자신들이 있는 곳으로 오라고 했죠. 부모님 몰래 집을 나와 SNS로만 이야기하던 친구들을 직접 만나니 해방감이 들면서, 드디어 나를 이해해 주는 친구들을 만난 것 같았습니다. SNS 친구들은 술, 담배를 하며 지율이에게도 권했는데 그런 친구들의 모습이 세 보이고 멋져 보였습니다. '나도 담배를 피우면 이렇게 세 보일 거야.' 지율이는 담배를 입에 물고 셀카를 찍어 자신의 SNS에 올렸습니다. 자신을 따돌리고 무시했던 학교 친구들이 사진을 보면 더 이상 무시하지 못할 거라는 생각에서였어요.

뭔가 더 특별한 내가 되고 싶어서

여러분도 학교-학원-집으로 쳇바퀴처럼 반복되는 생활, 내 생각처럼 풀어지지 않는 친구 관계, 답답한 집까지 현실에서 도망치고 싶을 때가 한 번쯤은 있을 거예요. 어떻게 하면 벗어날 수 있을까 고민하다가 '일탈 행동'을 하게 되는 것이죠. 일탈 행동이란 '사회적 규범에 벗어난 행동'을 의미합니다. 여러분에게도 각자 자신이 생각하는 일탈 행동이 있을 거예요. 작게는 숙제를 안 한 것부터 크게는 가출, 절도, 일탈계*, 무면허 운전, 담배 피우기, 술 마시기 등 법을 어기면서까지 하는 일탈도 있습니다. 담배를 피우면 영화 속의 주인공처럼 멋있어 보일 것 같고, 술을 마시면 기분이 좋아지고 어른이 된 것만 같아서 평범한 일상에서 도망칠 수 있을 것 같죠. 옆에서 이런 과감한 내 모습을 보면 친구들도 더 이상 나를 평범하게 보지 않을 것 같아서 좀 더 특별해지는 우월감도 느끼고요. 일탈계를 운영하는 청소년들도 같은 심리예요. 일상에서는 외모로 별다른 칭찬도, 관심도 받지 않는데 신체 사진과 자극적인 글을 올려 봤더니 모르는 사람들이 마구 칭찬하고 말을 걸어 줍니다. 일상생활에서는 느껴 보지 못한 관심을 받게 되니 더 과감해지면서 우월감을 느끼고 싶은 거예요.

* 계정주가 트위터 등 SNS에서 자신의 신체 사진, 노출 사진, 음란물 등을 게시하며 운영하는 계정

일탈 행동으로 정말 행복할 수 있을까

그러나 일탈 행동을 한다고 해서 정말로 일상에서 벗어나 늘 새롭고 즐거울까요? 일탈도 반복되면 어느새 일상이 되고, 계속해서 더 위험한 일탈을 하게 될 거예요. 그중에서도 사회 규범을 통해 금지해 놓은 것에는 분명 이유가 있다는 걸 알아야 합니다. 특히나 십 대 청소년의 흡연과 음주는 법으로 금지되어 있고 구매도 못하게 되어 있잖아요. 술, 담배는 건강에 해로운 것은 물론이고, 중독에 이를 수 있습니다. 중독에 이른 친구들은 술, 담배는 하고 싶은데 구매할 수가 없으니 편의점 근처를 배회하며 어른들에게 대신 사 달라고 하는 소위 '앵벌이'를 시도하고, 주민등록증을 위조하는 범죄를 저지르기도 해요. 때로는 무리에서 술, 담배를 대신 사 오는 셔틀을 당하기도 합니다. 음주 상태에서 폭행, 무면허 운전, 성폭력 등 범죄에 연루되는 경우도 많고요.

일탈계를 운영하는 친구들은 디지털 성착취(예) N번방 사건)에 노출될 위험이 매우 크고, 사진 등을 올리는 행위만으로도

나도
평범한
일상으로
돌아가고싶다

정보통신망법 위반을 한 범죄자가 되어 처벌받을 수 있습니다. 일탈이 일상이 되어 버린다면, 오히려 평범했던 일상이 그리워지겠지요.

하나 더. 일탈 행동을 한다고 해서 과연 우월감을 느낄 만큼 또래 친구들이 멋있게 봐 줄까요? 술, 담배를 한다고 멋지게 보일 거라는 건 혼자만의 착각입니다. 과거에 비해 점차 청소년의 음주율과 흡연율이 낮아지고 있는데, 학생들 스스로도 음주와 흡연이 더 이상 멋지다고 생각하지 않아서예요. 멋지게 보기는 커녕 학생들 사이에서 평판이 나빠지죠. 술, 담배 냄새에 찌들어 있는 친구를 누가 좋아하겠어요. 마찬가지로 SNS에 담배 피우는 사진을 올린 지율이는 아차 싶어 몇 시간 후에 사진을 삭제했지만, 이를 본 몇몇 학생들이 캡처해서 저장하는 바람에 조롱거리가 되었습니다. 지율이가 담배를 피운 사실이 학교에까지 알려져 선도위원회에서 징계도 받아야 했고요. 지율이는 일탈 행동이 이렇게 자신에게 부메랑으로 돌아올지 몰랐다며 두고두고 후회를 했습니다.

호기심에 일탈계를 운영했던 시은이도 혹독한 대가를 치러야 했습니다. 우연히 반 친구가 시은이의 일탈계를 발견하여 그 사실이 학교 학생들에게 알려졌습니다. 학생들 사이에서는 "야한 사진을 트위터에 올린 아이"라고 소문이 나면서 시은이가 올렸던 사진까지 유포되는 등 걷잡을 수 없이 퍼져 나갔고, 시은이는 결국 다른 지역의 학교로 전학을 가야 했습니다. 단순히 호기심으로 일상에서 벗어나고자 했던 행동들 때문에 얼마나 큰 대가를 치러야 하고 일상이 뒤흔들릴 수 있는지 우리는 알아야 합니다.

일상아, 난 네가 소중해

또래들에게 세 보이고 싶다고 몸에 문신을 하고, 답답한 일상이 싫다고 차를 탈취해서 무면허로 운전을 하는 바람에 소년원까지 갈 뻔한 학생이 있었습니다. 소년 재판을 앞두고 소년분류심사원에서 한 달 동안 생활하면서 "익숙함에 속아 소중함을 잃지 말자"라는 말을 되새겼다고 해요. 큰 불행이 닥쳤을 때 평범했던 일상이 얼마나 소중한지 깨닫는다고 하잖아요. 답답하고 지루하게 느껴지는 일상이지만, 그런 일상이야말로 내가 무탈하게 지낼 수 있도록 지켜 주는 소중한 것임을 잊지 말도록 해요. 일상이 답답하고 지루하게 느껴질 때면 영화 보기, 여행 가기, 운동하기 등 건전한 방법으로 잠시 일상에서 벗어났다가 돌아오면 돼요.

그럼에도 호기심에 일탈 행동의 욕구가 생긴다면 그 행동이 어떤 대가를 초래할 수 있는지 찬찬히 떠올려 보세요. 만일 일탈 행동을 하지 않는다고 친구들 무리에서 이탈될까 봐 걱정이 된다면 한번 생각해 보세요. 진정한 친구라면, 나를 친구로 생각한다면 내가 고작 술, 담배를 함께하지 않는다고 해서 따돌리거나 소외시키지 않아요. 오히려 거절했을 때 나의 의사를 존중해 줄 거예요. 왜 일탈 행동에 동참하지 않느냐며 소외시키는 친구들이라면 언제든 어떠한 이유로 나를 따돌리고 괴롭힐 수 있다는 것을 알기를 바라요. 나에게 나쁜 것을 권유하는 친구들에게 의지하는 것은 친구들에게 나를 통째로 떠맡기는 것과 다르지 않습니다.

마지막으로 많은 일탈로 스스로 일상으로 돌아가기 어려울 정도에 이르렀다면 어른들의 도움을 받는 것이 좋습니다. 지역별 청소년상담복지센터[•]에서 상담 지원을 통해 일상으로 복귀

하는 데 도움을 받을 수 있어요. 너무 멀어진 것 같이 느껴져도 일상은 언제든 다시 돌아온 나를 반겨 줄 거예요.

※ 청소년상담복지센터는 위기 청소년들과 지속적인 관계를 형성해 성공적인 삶을 지원하고, 긴급구조, 일시보호, 의료지원, 상담지원 등 다양한 지원을 통해 건강하게 성장할 수 있도록 돕는 기관입니다.

3

다른 사람들의 시선에 자꾸 휘둘려요

관계 중독에서
벗어나기

우리 이번주말에 놀러가자! 각자 챙겨 올 거 정할까?
진짜 나는 여기에 없고 빈 껍데기만 있는 것 같아….

학교, 사회 활동을 하면서 우리는 나와 가족,
더 나아가 친구들, 여러 사람들과 관계를 맺으며 생활합니다.
그런데 어느 순간 자신보다도 외부의 관계나
다른 사람들의 시선에 집착하고 밖에서
나의 존재 가치를 찾으려고 해요.
친구가 많아야 내 존재 가치가 올라가는 걸까요?
사람들에게 잘 보여야 비로소 나는 인정받는 걸까요?

이번 장에서는 다양한 관계 속에서 필요한
올바른 관계 맺기를 이야기하려 해요.
나에게 있어 다른 사람들과의 관계들은 어떤 의미인지,
그리고 나의 존재 가치가 타인과의 관계가 아닌
내 안에 있다는 걸 알게 된다면
그런 관계들에 휘둘리거나 집착하지 않게 될 테니까요.

친구가 없으면 안 돼

친구가 제일 중요해

수민이는 가족보다 친구가 우선인 학생입니다. 하루의 대부분을 학교에서 보내니 학교에서 함께하는 친구들에게 신경써야 학교생활도 편할 거라 생각합니다. 그러다 수민이는 SNS를 통해 정연이와 친해지게 되었습니다. 정연이는 소위 일진이라 불리는 언니들과도 친해서 또래 친구들이 겁을 낼 정도로 유명한 친구였어요. 수민이는 정연이와 친하다는 게 자랑스럽고 뿌듯했습니다. 정연이가 무서울 때도 있었지만 정연이와 함께 어울리면 다른 친구들이 자신을 함부로 대하지 않는 것 같고 전국구

인맥을 얻은 것 같았으니까요. 수민이는 정연이가 나오라고 하면 가족 여행, 공부도 모두 미루고 정연이를 만나러 갔습니다. 하기 싫어도 정연이에게 맞추기 위해 같이 술, 담배도 하게 되었고요. 그러다 수민이는 폭행 사건에 연루되고 말았습니다. 정연이는 자신이 마음에 들지 않는 학생을 손 봐 줘야겠다면서 수민이를 비롯한 무리에게 망을 보라고 했고, 수민이는 잘못된 행동인 줄 알면서도 정연이의 지시를 거부할 수 없었습니다. 거부하면 정연이에게 미움받지 않을까, 정연이와 멀어지지 않을까 하는 마음이 들어서요.

친구 관계에 집착하는 이유

어릴 적에는 부모님이 가장 중요한 존재로 느껴졌지만, 학교생활을 하고 친구들과 어울려 지내면서 친구들과의 관계가 무척 중요해졌을 거예요. 하루에 친구들과 함께하는 시간을 따져 보면 학교에서 온종일 같이 지내고, 집에 와서도 SNS를 통해 잠자기 직전까지 소통하니 가족들보다도 더 오랜 시간을 같이 보내는 셈이죠. 부모님께는 말 못할 고민도 친구에게는 쉽게 털어놓기도 하고요. 친한 친구들이 있으면 학교생활도 편해집니다. 항상 같이 급식을 먹을 수 있는 친구들이 있으니 누구랑 밥을 먹어야 할지 걱정하지 않아도 되고, 체험학습이나 수행평가도 친한 친구들끼리 팀을 짜서 하면 되니까요. 친구들의 존재는 SNS에서도 중요해요. 친구들끼리 서로 좋아요나 댓글을 달아 주고, 친구들과 어울리며 찍은 사진들을 게시해서 나는 이렇게 친한 친구들이 있다는 걸 보이고도 싶어요.

맞아요. 친구 관계는 무척 중요해요. 특히 여러분과 같은 청소년 시기에는 또래 친구와의 관계 속에서 유대감, 정체성을 형성하다 보니 소중할 수밖에 없어요. 하지만 수민이처럼 친구들에게 소외될까 봐 친구를 모든 것의 우선순위에 두고 가족과의 시간, 공부, 해야 할 일을 뒷전으로 하고 있지는 않나요? 친구들과 끊임없이 연락해야만 마음이 안정되고, 친구들에게 조금이라도 소외될 것 같으면 불안감이 엄습하나요? 즐거워야 할 친구 관계가 친구 눈치를 살피며 하기 싫은 일도 해야 하는 등 불편해진다면 이는 진정한 우정도 아니고, 나를 위한 친구 관계라고도 할 수 없겠죠.

또 무리에 적극적으로 참여하고 다른 사람들과 두루 잘 어울려 지내는 '인싸'가 되고 싶은 친구들도 있습니다. 인싸가 되면 주변에 늘 친구가 많고 소외될 염려도 없으니까요. 그래서 관종처럼 행동한다거나 허세를 부리기도 하는데요. 있는 그대로의 나로는 친구들이 관심 갖지 않을 거라는 생각에 자신의 모습을 과

장하고 부풀려 내보이는 것입니다. 허세를 부린다고 해서 인싸가 되는 건 아니에요. 친구들은 진짜인지 허세인지 금세 알아차리기 때문에 허세쟁이, 거짓말쟁이로 몰려서 오히려 인싸와는 멀어지고 말죠.

나를 위한 친구 관계 맺기

인간은 사회적 동물이라는 말을 들어 봤을 거예요. 우리는 친구 관계에서의 소속감과 유대감을 통해 안정감을 느껴요. 그러나 친구 관계를 맺는 것은 어디까지나 나를 위한 것이지, 친구 관계 자체가 목적이 된다거나 친구 관계를 통해 나의 존재감과 가치를 찾으려고 하는 건 옳지 않아요. 십 대 시절에는 다양한 친구들과 친해졌다가 멀어졌다를 반복해요. 그리고 그중에서 학교를 졸업해서 어른이 되어서도 관계를 유지하는 평생 친구는 한두 명에 불과하고요. 평생 함께하는 가족보다도 친구를 우선순위로 두면서 친구와의 관계에 나의 존재감, 가치를 둘 필요가 없다는 걸 알 수 있겠지요.

나를 싫어할까 봐 친구의 제안을 거절하지 못하겠거나, 반대되는 의견을 말하지 못하겠더라도 한번 용기를 내서 친구에게 말해 보세요. 진정한 친구라면 합당한 이유로 거절하거나 반대되는 의견을 말했다고 해서 소외시키지 않습니다. 오히려 나의 의견을 존중해 줄 거예요. 반면 자신과 의견이 다르다는 이유로 나를 소외시키거나 험담하는 친구가 있다면 이런 불편함을 감수하고 나를 희생하면서까지 관계를 유지해야 할 친구인지 고민해 볼 필요가 있어요. 앞서 수민이가 술, 담배 등 비행까지 저지르는 것처럼 친구로 인해 자신의 본래 모습을 잃어버리면 안 되겠지요. 또 인싸가 되어야만 친구가 되고 싶어할 거라는 건 완전 오해예요. 나의 진짜 모습을 존중해 주고 속마음을 털어놓을 수 있는 사람을 친구로 맺고 싶어 하니까요. 우선 나부터 진솔한 모습으로 상대방을 있는 그대로 봐 주고 잘 이해하는 친구가 된다면 그런 친구들이 나의 곁에 있어 줄 거예요.

타인이 보는
나에 얽매이게 될 때

다른 사람들의 시선,
평판이 신경 쓰이는 나

혜인이는 어느 날 학원에서 수빈이와 윤아의 동창으로부터 "수빈이랑 윤아는 중학교 때 담배 피우고 일진이었으니 조심해"라는 말을 들었습니다. 그래서 학교 복도에서 "수빈이와 윤아가 중학교 때 담배 피웠대?"라고 친구에게 물어보았는데 그 말이 수빈이와 윤아의 귀에 들어갔나 봅니다. 수빈이와 윤아는 혜인이가 자신들이 담배를 피운다고 소문내서 평판이 안 좋아졌다며 혜인이를 마주치면 큰소리로 욕을 하거나, 혜인이가 지나갈 때까지 뒤돌아보며 수군거렸습니다. 학교 학생들도 "혜인이가 거짓말로 수빈이와 윤아에 대한 소문을 퍼트렸다더라"며 혜인이를 소문 유포자 취급합니다. 혜인이는 친한 친구들이 있는 교실에 있을 때에는 그나마 마음이 편하지만, 교실 밖을 나가기만 하면 불안감이 밀려온다고 했습니다. 학생들이 삼삼오오 모여 있는 것만 봐도 자신을 험담하는 것 같고, 자신을 모두 쳐다보는 것만 같아 너무 괴롭다고 했습니다. 급기야 혜인이는 급식실이나 화장실에 가는 것도 두려워져서 점심을 굶고 물도 마시지 않는다면서 눈물을 흘렸습니다.

남의 시선, 평판이 신경 쓰이는 이유

세 학생 모두 남의 시선과 평판을 신경 쓰며 괴로워하고 있습니다. 혜인이는 자신을 소문 유포자로 보는 시선이 신경 쓰이고, 수빈이와 윤아 역시 자신들의 평판이 안 좋아졌다는 것에 신경이 쓰여 혜인이에게 화풀이를 하는 거고요. 우리는 왜 다른 사람들이 나를 어떻게 바라볼지에 그토록 신경을 쓰는 걸까요?

혜인이나 수빈이, 윤아가 특별히 예민해서가 아니라 사람이라면 누구나 남의 시선, 평판을 신경 쓰게 마련입니다.

사람은 원시 시대부터 집단생활을 해 왔어요. 원시 시대 사람들은 100여 명의 소규모 집단으로 공동체 생활을 했습니다. 공동체 생활에서는 서로에 대한 신뢰와 규칙을 지키는 것이 생

존에 중요했어요. 예를 들어 부족민들이 잡아 온 사냥감을 공동 공간에 저장하고 서로 균등하게 나누는 규칙이 있다고 해 봅시다. 그런데 부족민 중 누군가가 자신이 많이 갖겠다고 밤에 사냥감을 몰래 빼어 간다면 부족민 전체의 생존에 위협이 되죠. 그래서 부족민들끼리 서로 감시하면서 규칙을 지키도록 했고 서로 감시를 잘할수록, 다른 사람들의 시선을 신경 쓸 수록 생존에 유리해져 살아남게 됐어요. 또 원시 시대에 부족민들은 평판이 좋지 않은 부족민을 사냥이나 번식에 끼워 주지 않았어요. 집단 전체의 생존에 위협이 될 수 있는 존재라 여긴 것이죠. 그래서 평판이 좋지 않은 사람은 생존 자체에서 불리해지고 자연히 도태되었습니다.

원시 시대부터 우리의 본능이 이렇게 진화된 것이니 우리가 시선과 평판에 신경 쓰는 건 지극히 당연하겠죠?

남들의 시선에 더 민감한 십 대

게다가 십 대 청소년들은 어른들보다 남의 시선과 평판에 더 민감합니다. 인문학자 데이비드 엘킨드에 의하면, 청소년기에는 뇌의 인지 부분이 형성되는 중이기 때문에 자신과 다른 사람들의 관심사를 잘 구분하지 못한다고 해요. 그래서 나의 행동이 타인의 주목을 받고 있다고 믿게 되고요. 이러한 현상을 '자아 중심성'이라고 합니다.

또 다른 이유는 간단합니다. 바로 우리가 학교생활을 하기 때문이에요. 초등학교 6년, 중학교 3년, 고등학교 3년 동안 학교라는 한정된 공간에서 정해진 학생들과 함께 생활하게 되잖아요. 평판이 안 좋아졌다고 해서 학교를 벗어날 수 없고 계속 동일한 학생들과 생활해야 하기에, 한번 평판이 안 좋아지면 돌이키기 어렵다는 생각이 들 수밖에요. 마지막으로 청소년들은 또래 관계 안에서 친구들에게 인정받고, 소속감을 통해 자신의 정체성을 형성해 간다는 점을 들 수 있어요. 무척 중요하게 여기는 친구들 무리에서 이탈될지 모른다는 두려움과 나의 정체성 자체가 흔들리는 느낌이 들다보니 평판에 더 민감할 수밖에 없어요.

타인이 보는 나에서
내가 보는 나로

그런데요. 사실 다른 사람들은 나에게 큰 관심이 없습니다. 다들 자기 일에 몰두하기 바쁘고, 내 이야기는 다른 학생들에게 수많은 가십거리 중 하나에 불과해요. 여러분도 누군가에 대한 이야기나 소문을 들었을 때 어땠나요? 처음 들었을 때만 흥미로워하다가 점차 관심에서 멀어지죠.

자, 이제 우리가 타인의 시선을 신경 쓰는 이유를 알았으니 내가 처한 상황이 진짜 신경 써야 할 정도인지 한번 객관화해 보면 어떨까요? 그리고 타인이 보는 나에 대해 과하게 집착하고 있는 것은 아닌지도 생각해 볼 필요가 있어요. 혜인이의 사례를 보면 수빈이와 윤아의 말만 듣고 혜인이를 '험담하는 학생'이라고 단정 짓는 학생들은 혜인이에 대해 잘 모르는, 오며 가며 스쳐 지나가는 정도에 불과한 친구들이죠. 결국 나에게 별다른 영향을 주지 않는 사람들이에요. 나에게 별 영향을 미치지 않는 학생들을 한 명씩 붙잡고 "난 험담한 적이 없어"라고 설명할 수도 없고, 설명할 필요도 없어요. 그들이 자연스럽게 진실을 알게 될 때까지 신경 쓰지 않는 거예요. 혜인이를 있는 그대로 봐 주는 친한 친구들은 소문을 들었다고 해서 멀어지지 않잖아요. 별 상관없는 사람들이 바라보는 나에 집착하기보다는 소중한 사람들이 바라보는 나에 집중해 보세요. 그러다 보면 다른 사람들도 내 모습 그대로를 봐 줄 거예요.

왜 내가 따돌림을 당해야 하지?

갑자기 시작된 따돌림

지영, 진희, 서윤, 수아, 경희 다섯 명은 반에서 절친한 친구들이었습니다. 그러던 어느 날 지영이는 진희와 사소한 일로 말다툼을 했는데, 다음 날 학교에 오니 아이들의 분위기가 평소와 달랐습니다. 말다툼한 진희는 물론이고 서윤, 수아도 지영이와 인사도 하지 않고 말을 걸어도 무시하는 것이었습니다. 함께 소통하던 단체 채팅방도 조용한 걸로 보아, 자기들끼리 따로 채팅방을 만든 모양입니다. 알고 보니 말다툼을 한 당일에 진희는 친구들에게 지영이가 잘못하고는 일방적으로 화를 냈다며 왜곡

해서 전달한 것이었습니다. 진희 말만 들은 서윤, 수아는 지영이를 나쁜 아이라 생각해서 지영이가 말을 걸어도 무시한 거였죠. 경희는 진희의 말을 다 믿지는 않지만, 지영이와 평소처럼 어울리자니 눈치가 보입니다. 지영이는 자신이 잘못한 게 아니라고 해명하고 싶어도 친구들은 들으려 하지도 않습니다. 이렇게 친구들에게 소외감을 느끼는 지영이는 힘들기만 합니다.

따돌림이 생기는 이유

지영이와 진희가 말다툼을 하고 둘이서 서먹해진 채 서로 말을 하지 않는 것이라면 따돌림이 아닌 1대 1 갈등에 해당합니다. 그런데 진희는 둘의 다툼에서 그치지 않고 다른 친구들까지 포섭하여 지영이와 다른 친구들의 관계에까지 악영향을 끼쳤습니다. 이런 경우가 바로 따돌림에 해당됩니다. 따돌림은 여럿이 어느 한 명을 심리적으로 공격하거나 반복적으로 피하는 행위를 의미합니다. 따돌림은 과거에도 현재에도 어느 집단이든 존재해요. 친구들이 셋 이상, 즉 홀수만 되어도 그 안에서 따돌림이 생긴다고들 하는데요. 청소년뿐만 아니라 어른들 사이에서도 따돌림은 발생해요. 유명한 아이돌 그룹 내에서도 따돌림이 있었다고 언론에 보도되고, 하물며 노인정에서도 할머니, 할아버지들 사이에 따돌림이 있다고 하니 나이와 성별을 가리지 않고 일어나죠. 보통 따돌림을 당하면 그 집단에서 나와 버리면 되지만, 학교나 직장과 같은 경우에는 선불리 옮길 수 없다 보니 따돌림이 폭력으로 발전되어 감당하기 어려운 정신적 피해를 입기도 해요. 그래서 이러한 따돌림으로부터 피해자를 보호하고자 직장에서의 따돌림 등에 대처할 수 있는 '직장 내 괴롭힘 방지법'이 생겼고, 학교폭력예방법에서는 따돌림을 학교 폭력의 한 유형으로 정해 놓고 있습니다.

> **학교폭력예방법 제2조 1의 2**
>
> 따돌림이란 학교 내외에서 2명 이상의 학생들이 특정인이나 특정집단의 학생들을 대상으로 지속적이거나 반복적으로 신체적 또는 심리적 공격을 가하여 상대방이 고통을 느끼도록 하는 일체의 행위를 말한다.

그렇다면 따돌림은 왜 생기는 걸까요? 보통 따돌림은 주 가해자가 있고, 가담자들이 있습니다. 주 가해자는 따돌림 피해자와 갈등이 생겼거나, 피해자가 자신의 마음에 들지 않아서, 또는 경쟁의식, 질투심 등 다양한 이유로 피해자에게 안 좋은 감정을 가집니다. 이렇게 단순히 1대 1로 갈등이 생기거나 마음속으로 피해자를 싫어하는 정도라면 거기서 끝나겠지만, 주 가해자는 자신의 싫어하는 감정을 행동으로 표출하고 다른 사람들까지 피해자를 싫어하는 데 동참하도록 만듭니다. 자신이 더 잘나고 더 높아지면 되는데 그러지를 못하니 상대방을 깎아내리는 방법을 택하는 거예요. 그럼 주 가해자의 말만 믿고, 또는 분위기에 휩쓸려 동참하는 가담자들이 생겨나는 거고요. 바로 앞서 본 사례의 서윤과 수아처럼 말이죠.

언젠가 상담했던 고등학생 A는 자신의 반에 주 가해자가 돌아가면서 반 학생을 따돌리는데, 지금은 먼저 따돌림을 당했던 학생 B의 다음으로 자신이 타겟이 되었다며 무척 힘들어했습니다. 그래서 A에게 "반에 어울릴 수 있는 친구를 한 명이라도 만들면 된다. 우선 B와 어울려 지내는 것이 어떠냐"라고 했더니 따돌림을 당하는 B와는 어울리고 싶지 않다는 답이 돌아왔습니다. A는 자신이 따돌림을 당하는 피해자이면서도 여전히 가담자로서 같은 처지의 B를 따돌리고 있음을 깨닫지 못했나 봅니다.

자책감, 고립감, 불안감을 들게 하는 따돌림

왜 하필 내가 따돌림의 대상이 되었나, 내가 뭘 잘못했을까, 내가 부족한 사람일까 하면서 자책을 하는 친구들이 많습니다. 남들보다 부족해서 따돌림을 당하는 걸까요? 아니요. 앞서 따돌림은 어느 집단에서든 발생한다고 했듯이, 누구나 따돌림의 대상이 될 수 있습니다. 요즘에는 유명 연예인들도 TV 프로그램에 출연해서 자신의 과거 따돌림 경험을 이야기하는 경우가 많은데요. 사람들의 관심과 사랑을 받는 매력적인 연예인들조차 따돌림의 경험이 있다고 하니, 따돌림을 당한 이유가 내가 이상하거나 부족해서가 아니라는 걸 꼭 알았으면 좋겠어요.

이렇게 따돌림을 당하면 어떤 심리적 영향을 받을까요? 따돌림을 겪는 친구들은 학교 가는 것조차 힘들어합니다. 교실에 따돌리는 학생들이 있다는 걸 떠올리기만 해도 두려움과 압박감으로 학교에 가는 것이 무섭고, 용기를 내서 교실에 들어가더라도 그 분위기를 견디기 힘들다고 호소해요. 따돌림을 특히 힘들어하는 이유 중 하나는 속해 있던 그 집단과 친구 무리가 내게 중요한 존재였기 때문입니다. 그래서 그 집단에서 벗어나면 나의 학교생활은 끝장날 것 같고, 반 학생들이 소외되는 나를 보며 수군댈 것만 같습니다.

하지만 내가 속했던 무리는 학교에서 아주 소수의 친구들에 불과해요. 반에 10명의 학생이 있다고 보면 통계적으로 1명이 따돌림의 피해자, 1명이 따돌림의 주 가해자, 4명이 따돌림의 가담자, 4명은 따돌림과 관련 없는 학생들이라고 해요. 즉 한 반에서 학생 절반은 따돌림이 있는지 없는지 별 관심이 없고, 따돌림이 있다는 걸 알아도 가담하지 않는 학생들이라는 겁니다. 다른 반 학생들까지 생각해 보면 나를 따돌리는 학생들보다 그렇지 않은 학생들이 훨씬 많이 있습니다. 그들이 내가 생각하는 것만큼 아주 큰 집단이나 영향력이 있는 무리가 아니라는 거예요. 따라서 따돌림을 극복하는 첫 번째 시도 방법으로 일단

교실에 들어가 보는 것을 추천해요. 며칠 정도는 학교 가는 게 힘들어 결석하는 친구들도 있어요. 심적으로 너무 힘들다면 결석을 하면서 따돌림을 하는 가해자들과 떨어져 심리적 안정을 찾는 것도 좋습니다. 며칠 지나고 학교에 가면 가해자들을 제외한 반 학생들은 내가 따돌림 당했는지 관심이 별로 없을 거예요. 솔직히 이야기하면 다들 자기 할 일 하기에 바쁘고, 남에게 그리 관심이 없거든요.

두 번째로 내가 느끼는 두려움과 불안함이 실체가 있는 것인지를 확인해 봅시다. 따돌림 무리의 아이들이 적극적으로 빈정대는 말을 하거나 위화감을 주는 등 (소위 꼽주기) 공격적인 행동을 하지 않는다면, 그저 나에게 말을 걸지 않을 뿐 내가 두려워하는 가해 행위가 현실적으로 발생하는 것은 아니니까요. 나를 소외시킨 무리의 친구들이 말을 걸지 않는다고 해도 친구와 다투고 나면 서로 어색해져서 며칠 이야기하지 않는 정도로 받아들이면 됩니다.

단순히 말을 걸지 않고 소외시키는 것에서 더 나아가 따돌림 가해자들이 지나가면서 빈정대거나 욕을 하고 다른 친구들과도 어울리지 못하도록 이간질하는 등 적극적 괴롭힘이 있다면 직접 대응하지 않아야 합니다. 감정적으로 대응을 하면 가해자들은 이러한 반응에 더 흥분하거나 이를 빌미 삼아 더 괴롭히기 때문입니다. 하지만 이런 행위가 2회 이상 반복된다면 이는 혼자서는 해결하기 어려운 학교 폭력이자 괴롭힘에 해당하므로, 부모님께 알리고 학교 폭력으로 신고하는 것이 좋습니다.

여러분 혼자서는 이러한 따돌림을 해결할 수 없다 보니 어른들이 개입할 수 있도록 만들어진 것이 바로 학교 폭력 신고제도입니다. 신고한다고 해서 가해자들하고 다시 친해질 수도 없고 오히려 더 보복할지도 모르는데 무슨 소용이냐고 묻는 친구들이 많아요. 학교 폭력 신고는 가해자들과 다시 친해지기 위해서 하는 것이 아니라 더 이상의 공격적인 행위, 괴롭힘을 막기 위함입니다. 또 보복이 두렵다고 하지만 실제 사례들을 보면 오히려 신고하지 않았을 때 "거봐, 쟤는 아무것도 못해"라며 가해가 반복되었습니다. 반면 신고를 하면 사건이 공론화가 되다 보니 학교 선생님에게 집중 지도를 받게 되고, 신고 후에 추가 가해를 했다가는 보복으로 인정되어 중징계를 받을 수도 있기 때문에 일단은 가해가 중단됩니다.

무리에서 받는 인정이 아닌 존재 자체로 가치 있는 나

지금도 따돌림으로 괴로워하는 친구들이 많이 있을 거예요. 다시 한번 이야기하지만 따돌림은 무언가 부족하거나 잘못한 사람들만이 당하는 것이 아닌, 누구든지 겪을 수 있는 사건입니다. 나를 소외시키는 무리가 있다면 애써 그 무리에 다시 들어가려고 하지 않아도 됩니다. 그 무리에서 인정받아야만 내가 가치 있는 사람이 되는 건 결코 아니에요. 우리는 존재 자체로 가치 있고, 얼마든지 새로운 친구들을 만들 수 있습니다. 이간질 하나로 나를 소외시키고 따돌림에 동참하는 친구들이라면 언제든 그럴 수 있는 친구들입니다. 주동자의 말만 믿고 따돌림의 가담자가 되어 버린 친구들과 다시 예전처럼 지내기에는 그들에 대한 내 마음도 변해 버렸죠. '그런 애들이라면 내가 친구 안 해!'라는 마음으로 과감히 놓아 버리고, 따돌림에 휩쓸리지 않는 다른 좋은 친구들을 사귀어 보는 거예요.

실제 제가 만났던 중학생 A, B, C, D 친구들 중 C는 D가 친구들에게 인기가 많은 것에 질투를 느껴 A, B에게 D가 하지도

않은 험담을 했다고 이간질을 하여 D를 따돌렸습니다. D는 반복되는 따돌림에 학교 폭력 신고를 하여 어른들에게 도움을 요청했고, 그 사이 D가 다른 사람을 험담하는 친구가 아니라는 것을 아는 반 친구들 몇 명이 D에게 다가와 주었어요. 똘똘 뭉쳐 잘 지낼 것만 같던 A, B, C는 C가 A와 B 사이까지도 이간질을 시켜 결국 뿔뿔이 흩어지게 되었고 반 친구들은 이간질이나 하는 C를 가까이하지 않았어요.

이렇게 서로를 헐뜯는 관계가 아닌, 흔들림 없이 서로 믿어 주고 지지해 주는 진정한 친구들을 만나게 된다면 더 이상 나를 아프게 하는 관계에 휘둘리지 않게 될 거예요.

좋아하는 사람이 내 세상의 중심이 되었을 때

좋아하는 사람이 생겼다

다은이는 평소 까불고 시끄럽다고만 생각했던 남자 친구들에게 관심이 생기기 시작했습니다. 남자 친구들에게 잘 보이고 싶어서 아침에 거울 앞에서 한참 동안 옷을 고르기도 하고요. 그중에서도 특히 호준이에게 호감이 가고 특별한 감정이 생겼습니다. 친구를 통해 들으니 단순히 친구라 생각했던 호준이도 다은이에게 호감이 있었다고도 하고요. 서로 함께하는 시간이 많아지면서 다은이와 호준이는 서로 좋아하는 감정을 확인하고 이성 교제를 하게 되었습니다. 누군가가 나를 특별한 존재로 여기고 좋아하다니! 다은이는 호준이와 사귀면서 자신을 더 좋은 사람으로 여기게 되고 그만큼 자존감도 올라갔어요. 호준이에게 잘 보이고 싶어서 외모도 더 꾸미고요. 다은이의 머릿속에는 온통 호준이 생각뿐이에요. 친구들과 약속이 있어도 호준이가 보자고 하면 약속을 취소하고 호준이를 만납니다. 친구들은 다은이에게 변한 거 아니냐고 핀잔을 주지만, 다은이는 좋아하는 호준이와 함께라면 아무것도 문제가 되지 않을 것 같아요.

좋아하는 사람과의 관계 맺기

사춘기에 접어들면서 이성에 대한 관심이 생기는 건 자연스러운 현상입니다. 다은이와 호준이처럼 이성 교제를 하기도 하고요. 이성 교제를 한다는 건 친구와 우정 이상의 더 돈독한 관계가 되는 것을 의미합니다. 좋아하는 사람이 생기고 이성 교제를 할 때 우리는 가족이나 친구들에게서는 느낄 수 없었던 다양한 감정을 경험하고 좀 더 성숙하게 됩니다. 하지만 좋아하는 것이 지나쳐 무엇이든 이성 친구가 우선순위가 되어 버리거나, 좋아

자니?
!!

하는 사람이 내 세상의 중심이 되고, 나의 일상생활이 모두 이성 친구에 맞춰진다면 나 자신을 잃어버리는 관계가 될 수 있어요. 나를 잃지 않고 좋아하는 사람과 올바른 관계를 맺기 위해 지켜야 할 것들에 대해 알아볼까요?

1. 서로를 존중하는 관계 맺기

상대방을 좋아하는데 당연히 존중하는 것 아닌가, 하는 생각이 들 거예요. 그런데 의외로 서로 사귄다는 이유로 상대방이 원하는 것을 다 들어 줘야 한다거나, 모든 시간을 공유해야 한다거나, 아무런 비밀이 없어야 한다고 생각하는 사람들이 있습니다. 내가 지금 잠이 오지 않는다는 이유로 새벽까지 메신저로 대화를 하자고 해서 상대방이 다음 날 수업 시간 내내 졸게 한다거나, 공부하기 싫은 상대방이 같이 쉬자고 하니 해야 할 공부를 포기하고 같이 노는 식으로요. 많은 것을 좋아하는 사람과 공유하고 싶은 마음은 이해하지만 내가 좋아한다고 모든 걸 맞춰 줘야 하는 건 아니에요. 또 친밀하다는 이유로 막말을 하거나 심지어 때리는 경우도 있는데, 이는 분명한 데이트 폭력입니다. 만일 이성 친구가 나에게 이런 행동을 보인다면 나를 정말로 존중하는 친구인지, 교제를 계속해야 할지 고민해 봐야겠지요.

2. 친구들과의 관계를 놓지 않기

이성 교제를 하면 모든 친구와의 관계를 끊고 오로지 좋아하는 사람하고만 지내는 사람들이 있습니다. 그러다 보면 내 주변에 친구들은 없어지고, 나중에 좋아하는 사람과 헤어졌을 때 정말로 혼자 남겨질 수 있어요. 좋아하는 사람이 나에게 소중한 사람인 것은 맞아요. 하지만 나의 다양한 인간관계 중 일부로 여기지 않고 인간관계의 전부가 되어 버린다면 내 세상에 나는 없고 좋아하는 사람만 있는 것과 같아요. 다른 친구들과도 두루두루 친하게 지내면서 좋아하는 사람은 그중 특별히 친한 친구로 여기는 것이 좋습니다.

3. 과도한 스킨십은 하지 않기

드라마나 웹툰을 보면 연인들끼리 포옹, 키스, 함께 자기, 성관계 등을 하는 것이 묘사되곤 합니다. 그래서 서로 좋아하고 합의가 이루어지면 사귀는 사이에서는 스킨십, 더 나아가 성관계를 해도 괜찮겠다는 생각을 할 수 있습니다. 그런데도 왜 학교

성교육 시간이나 부모님, 어른들은 성인이 되기 전까지는 과도한 스킨십을 하지 말라고 하는 걸까요? 스킨십이나 성관계에는 서로 합의 또는 동의가 있어야 하는데요. 이것은 곧 양 당사자가 '성적 자기 결정권', 즉 자신의 의지와 판단에 따라 책임 있게 자신의 성적 행동을 결정하고 선택할 권리를 행사했다는 것을 의미합니다. 그런데 십 대인 여러분은 성적 자기 결정권을 행사하는 데 있어서 아직은 성숙한 판단을 하기 어렵고, 뒤따르는 책임을 부담할 능력도 부족합니다. 분위기에 휩쓸려서, 거절했지만 이성 친구는 거절을 장난으로 받아들여서, 좋아하는 사람과 사이가 어색해질까 봐 스킨십을 거절하지 못했다가 후회하며 상담하는 친구들이 많아요. 이는 자신의 의지와 판단에 따른 제대로 된 성적 자기 결정을 하지 못했기 때문입니다. 따라서 성인이 되어 성숙하고 책임 있게 성적 자기 결정권을 행사할 수 있기 전까지는 스킨십을 신중하게 결정하고 상대방의 성적 자기 결정권 역시 존중하는 교제를 해야 해요.

동성 친구에게 특별한 감정이 들 때

이성 친구에게 좋아하는 마음이 생겼을 때에 대해 이야기하고 있는데요. 청소년들 중에는 이성 친구가 아닌 동성 친구에게 우정 이상의 특별한 감정을 느껴 고민하는 친구들도 있습니다. 이성이 아닌 동성을 좋아하는 것을 '동성애' 혹은 '성적 소수자'라고도 부르는데요. 사춘기는 여러 감정을 겪으며 성장하고 또 정체성을 형성하는 시기이다 보니 여러분이 느끼는 감정이 우정인지, 우정 이상의 감정인지 스스로도 헷갈릴 수 있습니다.

아울러 성 정체성이 고민된다면 자신이 동성애자라는 확신이 들더라도 친구들에게 이를 밝히는 것은 신중해야 합니다. 자신의 정체성을 숨기라는 것이 아니라 아직까지는 우리 사회의 동성애에 대한 이해가 부족하고 편견을 가지고 있는 친구들이 많기 때문이에요. 친한 친구에게 비밀이라고 털어놓거나, 진실게임 등을 하며 자신이 동성 친구를 좋아한다고 밝혔다가 친구들과 멀어지고 여러 소문들로 힘들어하는 사례들을 많이 보았습니다. 성인이 되기 전까지는 이성애자 혹은 동성애자라는 정체성을 애써 확정지을 필요는 없습니다. 많은 경험을 해 보고 성인이 된 후에 신중하게 정체성을 확립해도 늦지 않습니다.

좋아하는 사람이 생겨도 여전히 내 세상의 중심은 나

내가 너무 좋아하는데, 좋아하는 사람이 내 세상의 중심이 되면 좀 안 되나?라는 생각이 들 수 있어요. 하지만 아무리 내가 좋아하더라도 그 사람은 남이지 내가 아니잖아요. 그러니 내 세상의 중심은 어디까지나 나여야 하는 거예요. 좋아하는 사람과 무언가를 하려고 할 때 다른 중요한 것들 사이에서 선택해야 하는 상황이라면 우선순위를 두어 더 중요한 것부터 해 보는 거죠. 또 어떤 결정을 내릴 때 상대방이 좋아하는 쪽으로 무조건 끌려가기보다는 내가 진정으로 하고 싶은 것인지, 내가 행복해지는 것인지를 먼저 생각해 보도록 해요. 상대방의 의견에 맞추지 않아서 상대방이 나를 안 좋아하면 어떡하나, 나를 떠나면 어떡하나 걱정이 들 수도 있어요. 하지만 좋아하는 사람이 나를 좋아하는 이유는 내게 존재하는 다양한 매력 때문이지 않을까요?

그런데 다양한 매력을 잃은 채 오로지 자신만 바라보고 있다면 그 역시 금세 흥미를 잃어버릴지 몰라요. 나를 진정으로 좋아하고 존중하다면 단순히 자신의 의견에 따르지 않았다는 이유로 쉽게 떠나지 않을 거예요.

또 '헤어짐'과 '이별'도 우리가 생각해야 할 부분이에요. 가수 지드래곤의 노래 〈삐딱하게〉에서 영원한 건 절대 없고, 어차피 난 혼자였다는 가사가 나오는데요. 영원할 것 같던 나의 마음도 변할 수 있고, 좋아하는 사람의 마음 역시 변할 수 있어요. 앞서 이야기했듯 상대방이 나를 존중하지 않는 것 같아서 등 다양한 이유로 헤어지는 순간도 찾아오고요. 십 대 시절에 우리는 다양한 친구들을 만나고 또 좋아하는 사람들도 생깁니다. 좋아하는 사람과 올바른 관계 맺기를 통해 여러 감정을 느끼고, 나를 존중하고 사랑한다면 한층 더 성장해 있는 매력적인 나를 발견할 수 있을 거예요.

예쁘고 잘생긴 외모가 중요해

화장은 나의 힘

정원이는 사춘기에 접어들면서 거울에 비치는 자신의 모습을 다시 보게 되었습니다. 어릴 때에는 부모님과 주변에서 예쁘다, 귀엽다고 칭찬해 주니 자신이 예쁘고 귀여운 줄로만 알고 있었어요. 그런데 '친구들에게 나는 어떻게 보일까' 하는 고민을 하게 되고 다른 친구들의 외모와 비교하면서, 거울 속의 내가 마냥 예쁘고 귀여운 것만은 아니라고 생각하게 되었습니다. 아이돌, 연예인을 보며 '나도 저렇게 멋있어지고 싶다'라는 생각도 하고요. 부모님은 "외모가 전부는 아니다", "내면이 아름다워야 한다"라며 외모 꾸미기에 치우치지 말라고 하지만, 예쁘고 잘생기면 인기가 많고 사람들이 좋아하는 게 현실이잖아요. 정원이는 이제 집 앞 편의점에 갈 때에도 화장은 필수가 되었습니다. 좀 더 예쁜 모습으로 남들에게 잘 보이고 싶거든요.

남들에게 잘 보이고 싶어서

우리가 자신의 외모에 관심을 갖고 예쁜지, 잘생겼는지, 뚱뚱한지, 날씬한지 등을 인식하기 시작하는 것은 본격적인 사춘기에 접어들면서부터입니다. 친구들에게 나는 어떻게 보일까에 대해 고민을 하게 되고 다른 친구들과 비교하며 더 예뻐 보이고 싶어지죠. 외모에 관심을 갖는다는 건 나라는 존재가 남들에게 보여지는 모습, 즉 정체성을 확립하는 자연스러운 과정입니다. 외모가 전부는 아니지만 같은 능력에 외모가 더 매력적이면 그 자체로 경쟁력이 생깁니다. 하물며 우리가 학용품을 고를 때도 디자인이 예쁜 것을 고르잖아요. '노잼봇'이라는 유튜버는 잘생긴 외모 하나로 아무것도 안 하고 공부하는 모습만 촬영해 영상을 게시하는데도 수십만 명의 구독자를 갖고 있습니다. 맞아요. 외모가 전부는 아니지만 외모로 나라는 사람이 누구인지 가장 쉽게 보여진다는 것은 부인할 수 없는 사실입니다. 한편으로 내가 외모에 관심이 있다는 건 그만큼 외모를 가꾸고 매력적으로 발전할 수 있는 기회를 갖고 있다는 뜻이기도 해요.

화장, 다이어트, 성형

2019년 스마트학생복이 청소년을 대상으로 설문 조사[•]를 실시한 결과, 화장한다는 청소년이 58.5퍼센트로 화장하지 않는다는 청소년보다 더 많았습니다. 그만큼 십 대에게 화장은 자연스러운 외모 가꾸기 방법 중 하나가 되었습니다. 청소년들이 화장하는 이유 1위는 자기만족, 2위는 콤플렉스를 가리기 위한 것이었고요. 자기만족, 콤플렉스를 극복하기 위한 화장은 자존감을 높이는 방법이기도 하므로 화장 자체를 반대하지는 않아요. 다만 당장 뮤지컬 무대에 올라가도 어색하지 않을 만큼 너무 짙은

• 중앙일보, '청소년 화장, '안해도 예쁜 나이' vs '자기 만족이다'', 2019. 10. 8.

화장이나, 장소와 나이에 어울리지 않는 화장을 한다면 아무리 자기만족이라도 남들에게 거부감을 줄 수 있겠죠.

작아서 맞지 않던 옷을 다시 입게 되었을 때나 몸이 한결 가벼워짐을 느낄 때 등 다이어트의 성공도 자존감과 함께 성취감까지 느낄 수 있는 좋은 외모 가꾸기 방법입니다. 하지만 과도한 다이어트는 절대 추천하지 않아요. 청소년들은 한창 성장해야 할 시기이므로 많은 영양소와 에너지를 필요로 합니다. 그런데 극도로 먹을 것을 제한하면서 영양 공급이 안 된다면 키가 커야 할 시기에 자라지 않고, 공부에 집중하기도 어려워집니다. 요즘엔 왜곡된 미의 기준으로 '뼈말라(부러질 듯 앙상한 몸매를 선망하여 뼈만 남은 수준의 몸)'가 예쁘다면서 먹지 않고 심지어 먹고 토하기를 반복하거나, 소셜미디어에 '프로아나', '뼈말라' 등의 해시태그를 달고 얼마나 조금 먹었는지, 얼마나 말랐는지 사진을 공유하는 '프로아나족'도 청소년들 사이에서 늘고 있어요. 또래들 사이에서 마른 몸매가 부러움의 대상이 되다보니 그런 미의 기준에 나를 맞추기 위해 극도로 먹지 않거나, 무리에서 소외되지 않기 위해 분위기에 휩쓸려 다이어트에 동참하기도 합니다.

하지만 이런 과도한 다이어트나 음식 섭취 제한은 탈모, 빈

혈 등을 겪게 하고 성장에도 방해가 되며 나중에는 먹고 싶어도 먹지 못하는 섭식 장애를 겪을 수 있습니다. 외모 가꾸기는커녕 건강과 외모 모두를 잃고 말 거예요. 남들은 병에 걸린 것 아닌가 걱정할 정도로 바싹 마른 몸을 과연 자기만족이라고 할 수 있을까요? 남들의 미적 기준에 맞추느라 힘들고 고통스러운 몸을 과연 나를 위한 예쁜 몸이라 할 수 있을까요? 적당한 식단 조절과 운동으로 건강한 다이어트를 해야 합니다.

마지막으로 외모 가꾸기, 콤플렉스 극복의 수단으로 성형을 고려하는 친구들이 있을 거예요. 성형 전후 광고 사진을 보며 나도 저렇게 바뀔 수 있다면 좋겠다고 생각하죠. 애플리케이션으로 눈을 크게 만들고 턱을 갸름하게 한 사진 속의 얼굴은 내가

원하는 바로 그 모습인데 현실은 그렇지 못하니, 성형 수술을 통해 바꾸고 싶다는 생각이 들기도 할 거예요. 하지만 성형은 다시 예전으로 돌아갈 수 없는 만큼 신중한 결정이 필요합니다. 지금의 미적 기준이 시간이 지나면 달라질 수 있고, 계속 성장하고 변화하는 십 대 시기인 만큼 성인이 되었을 때 나의 외모가 또 어떻게 달라져 있을지 몰라요.

또 부작용도 고려하지 않을 수 없습니다. 성형 부작용 인터넷 카페만 가도 심각한 성형 부작용으로 고통 받는 어른들이 많이 있습니다. 하물며 성장이 멈추지 않은 청소년들은 계속 뼈와 근육이 자라다보니 성형 부작용의 발생 위험이 더 높을 수밖에 요. 십 대에 턱 수술, 쌍꺼풀 수술을 하고 부작용으로 재건 수술만 수차례 하느라 청소년 시절을 다 보내고, 대인기피증까지 생긴 성형 부작용 환자들도 있습니다. 이들은 그저 성형 전의 모습으로 돌아가고 싶다고 호소합니다. 이러한 위험을 감수하고 굳이 청소년 시기에 성형을 무리해서 할 필요가 있을까요? 성형은 최후의 수단이라고 생각하고 성인이 되고 나서 결정해도 늦지 않답니다.

외모로만 남들에게 잘 보일 수 있는 건 아냐

저는 '이영지'라는 래퍼를 좋아합니다. 친근하게 영지라고 부를게요. 영지는 〈고등래퍼 3〉 프로그램의 우승자이자 혼성 랩 경연 프로그램 사상 첫 여성 우승자입니다. 처음 등장했을 때 영지는 통통하고 교복을 입은 단발머리 여학생 그 자체였어요. 솔직히 주변에서 평범하게 볼 수 있는 여고생의 모습이었지 아이돌처럼 예쁘고 주목받을 외모는 아니었어요. 하지만 그 평범한 외모의 여고생은 뛰어난 랩 실력으로 출연자, 심사위원들을 놀라게 했고 실력 하나로 우승을 거머쥐었습니다. 영지는 예능 프로그램, SNS에서 재미있는 입담과 망가지는 모습을 가감 없이 보여 주면서도 무대에서는 카리스마 있는 모습을 뽐내고 있습니다. 그런 모습에 저와 같은 많은 팬들이 생겨났고요.

영지가 아이돌처럼 예쁘지 않아도 인기가 있었던 이유는 탄탄한 랩 실력과 함께, 어떤 모습이든 자기를 긍정하는 모습 때문입니다. 다시 앞으로 돌아가서 만약 영지가 〈고등래퍼 3〉에 출연하려고 랩 연습을 열심히 하는 대신 외모 가꾸기에만 치중

했다면 지금의 영지가 될 수 있었을까요? 아마 실력 없는 경연자로 잊혀 졌을 거예요. 이처럼 외모를 맹목적으로 가꿀 것이 아니라 내가 왜 외모를 가꾸려고 하는지, 그를 통해 원하는 것이 무엇인지를 아는 게 중요해요. 외모에 신경 쓴다는 것은 사람들에게 잘 보이고 싶다는 건데, 이는 다시 말해 나를 인정받고 싶다는 뜻이죠. 하지만 차은우, 블랙핑크의 제니 같은 외모여도 나를 인정하고 존중하는 자존감이 없다면 사람들은 매력을 느끼지 못합니다. 나를 인정하고 존중하지 않으니 다른 사람들도 나를 인정할 리 없겠죠.

남들에게 인정받으려고 하기 전에 먼저 나부터 나를 인정하고 있는지를 생각해 봅시다. 거울 속의 나를 보며 내 외모의 장점은 무엇인지, 외모 이외의 매력과 장점은 무엇인지 알아 가면서 스스로를 인정하는 거예요. 다음으로 부모님이나 친구들이 생각하는 나의 외모 중 장점은 무엇인지, 나를 좋아하고 인정하게 만드는 매력과 장점은 무엇인지도 물어보고요. 의외로 나에게 여러 장점과 매력이 있다는 걸 알게 될 거예요. 그저 남들에게 잘 보이기 위해서가 아닌 내가 인정하는 장점과 매력을 더욱 키워 간다면 사람들 역시 나를 좋게 바라보겠죠?

4

사회 속에서 나만의 정체성을 찾고 싶어요

더 넓은 관계에서
중심 세우기

몸에 맞지않는 불편한옷을
입고있는 느낌이야
내 정체성은 뭘까?
성적
DREAM
꿈
정체성
정체성

사회 속에서 나는 어떤 존재일까요?
청소년기에 접어들면 가까운 관계들에서 나아가
더 넓은 사회 속에서 나의 정체성을 찾고 싶을 때가 옵니다.
인정받고 싶은 마음과 함께, 멋진 꿈과 목표를 세워
사회 속에서 내가 어떤 역할을 하게 될지도 생각해 보고요.
또 삶과 죽음에 대해서도 생각하게 됩니다.
내가 살아야 하는 이유는 뭐지? 이것도 저것도 다 힘들고 버거운데
그냥 죽어 버리면 다 해결되지 않을까하는
극단적 생각을 하는 경우도 있습니다.

이번 장에는 나만의 사회적 정체성을 찾아 헤매는
여러분에게 해 주고 싶은 이야기를 담아 보았습니다.
나만 그런 것이 아니고 나의 잘못이 아니라는 공감,
그리고 해결할 수 있는 방법들을 통해
사회 속에서의 자신의 존재를 찾아보도록 해요.

성적으로 인정받고 싶은데

성적 스트레스가 심한 나

현서는 중학교 1, 2학년 때까지는 성적에 대한 스트레스나 고민이 거의 없었어요. 열심히 해서 성적이 오르면 오르는 대로, 성적이 떨어지면 떨어지는 대로 크게 신경 쓰지 않았어요. 그런데 중학교 3학년 2학기에 고등학교 진학을 생각하며 열심히 공부한 덕분에 성적이 급격히 오르자 친구들과 선생님이 무척 놀라워했어요. 가장 좋아하고 인정해 주신 건 역시 부모님이었고요. 현서는 성취감을 느꼈고, 부모님이 기대하는 만큼 더 인정받고 싶다는 마음도 커졌어요. 그런데 그런 마음이 커질수록 공부로 인한 압박감도 더욱 커져 갔습니다. 고등학교에 가서 이렇게 성적을 유지할 수 있을까 걱정하면서도, 앉아 있으면 졸음이 쏟아져 생각만큼 진도가 나가지 않아 자책하다가 급기야 울음이 터져 버렸죠. 현서는 어떻게 해야 스트레스를 덜 받고 공부에 집중할 수 있을까요?

어차피 함께 가야 할 스트레스라면

공부를 해도 기대만큼 성적이 오르지 않아서, 공부를 해야 하는데 몸과 마음이 따라 주지 않아서, 경쟁 상대보다 뒤처지는 게 싫어서 등 성적 스트레스로 힘들어하는 학생들이 많습니다. 공부에 흥미가 없고 기대도 없는 학생이라면 사실 성적 스트레스에 시달리지도 않겠죠. 성적 스트레스가 있다는 것은 그만큼 스스로에 대한 기대와 함께 다른 사람들에게 인정받고 싶은 욕심이 있음을 보여 주는 것입니다.

그런데 스트레스가 무조건 나쁜 것은 아닙니다. 활어차가 활어를 싣고 이동할 때 수조 안에 천적을 함께 넣으면 생존율이 더 높아진다는 이야기를 들어 본 적 있나요? 이는 단순 비유가 아니라 '메기 효과'라는 실제 현상이에요. 옛날 유럽에서 청어를 운반하는 동안에 살아 있던 청어들이 많이 폐사했는데, 우연히 메기가 함께 실려 있던 수조에서는 청어들이 산채로 운반되어 온 것을 발견하고 메기를 이용했다고 해요. 현재도 동해에서 갓 잡은 오징어를 활어차에 싣고 운반할 때 오징어의 천적인 게를 몇 마리 같이 넣는 방법을 사용한다고 합니다. 오징어들이 천적인 게를 피하느라 스트레스를 받아서 생존 본능이 작동하는 것이죠. 공부 스트레스도 마찬가지입니다.

스트레스를 무조건 부정적으로만 여길 것이 아니라 일종의 부스터와 같은 존재로 받아들여 보는 거예요. 우선 공부로 스트레스나 압박을 받는다면 '내가 이만큼 스스로에 대한 기대가 높고 남들에게 인정을 받고 싶어 하는구나'라며 도리어 나를 칭찬해 주고 북돋워 주세요. 그다음에 스트레스의 원인을 구체적으로 찾아보는 거죠. '공부 스트레스'라고 막연히 생각하기보다는 효율적인 공부 방법이 뭔지 몰라서 스트레스를 받는지, 경쟁 상대보다 뒤처지는 등 인정받지 못할 것 같아 스트레스를 받는지, 체력이 부족한 탓에 오래 집중하지 못하는지, 다른 과목에 비해 떨어지는 과목 때문에 스트레스를 받는지 등등 구체화하는 거예요. 그러면 막연한 걱정에서 벗어나 스트레스 원인에 대한 해결 방법을 찾을 수 있습니다.

성적 스트레스 극복하기

그럼 본격적으로 성적 스트레스를 극복하는 방법 몇 가지를 소개할게요.

1. 잠을 충분히 자고 체력 기르기

잠을 줄여서 공부하는 친구들이 있는데, 잠은 공부하는 시간만큼이나 중요해요. 시험 전날 하루 정도 잠을 줄이는 것은 영향을 미치지 않지만, 매일 잠이 부족하다면 피로가 만성화되고 몽롱한 정신에 공부에 집중하는 것도 힘들겠죠. 그러다 보면 정말로 잠을 줄여서 공부해야 하는 시험 전날에 잠이 쏟아질 거예요. 평소에 7~8시간 정도 충분히 자야만 공부한 내용이 잠든 동안에 머릿속에서 정리되고 체력도 충전될 수 있습니다.

반면 자고 싶어도 불면증 때문에 잠이 부족한 친구들도 있어요. 그럴 때 운동을 한다면 체력뿐만 아니라 긴장도 풀어 주는 효과 덕분에 숙면을 취할 수 있습니다. 앞서 현서도 공부에 대한 걱정으로 불면증을 겪느라 책상에 앉아 있으면 졸음이 밀려왔는데, 헬스장을 다녔더니 체력도 길러지고 밤에 더 쉽게 잠들 수 있었다고 해요.

2. 공부 방법 찾기

나에게 맞는 공부 방법을 찾아 효율적으로 공부하는 것도 무척 중요합니다. 하지만 공부 방법을 스스로 만들어 내는 것은 어려워요. 가장 좋은 방법은 공부로 목표를 성취한 사람들의 공부 방법을 벤치마킹하는 것입니다. 저의 경우에는 법대로 진학하기 위해 다시 수능시험을 준비할 때, 고시 3관왕(사법고시, 행정고시, 외무고시)을 차지했던 고승덕 변호사의 〈포기하지 않으면 불가능은 없다〉라는 책에 소개된 공부 방법을 따라했습니다. 변호사가 가르쳐 주는 공부 방법이라니! 동기부여가 되었던 것은 물론, 재수 학원을 다니지 않고 독학을 했던 저에게 고승덕 변호사의 고시 준비 공부 방법은 많은 도움이 되었습니다. 지금은 시중에 책, 강의, 유튜브 등 공부 방법에 대한 정보가 워낙 많이 잘 나와 있어요. 나보다 먼저 길을 갔던 선배들의 공부 방법 중 나에게 맞는 것을 찾아보세요.

3. 하루씩 세분화하여 공부 계획 세우기

두꺼운 교과서와 광대한 시험 범위를 보면 막막하잖아요. 시험 때까지 혹은 목표하는 기간까지 전체 공부 양을 정한 다음, 하루에 얼마만큼 할지를 세분화하여 공부 계획을 세우는 거예요. 그럼 하루에 정해진 양만 하면 되고, 성취감도 생겨서 그 다음 날 책상에 앉아도 부담스럽지 않을 거예요.

4. 잘하는 과목보다 못하는 과목에 시간을 할애하기

잘하는 과목이나 잘 알고 있는 부분은 반복해서 보게 되지만 내가 못하는 과목, 잘 모르는 부분은 어쩐지 보기가 싫습니다. 이건 여러분뿐만 아니라 모두가 그래요. 사람이란 익숙하고 잘하는 것을 하고 싶지, 자신이 못하거나 낯선 것에는 거부감이 들거든요. 그러다 보니 잘 아는 부분만 반복해 보면서 공부를 많이 했다고 착각을 하게 돼요. 못하는 과목, 실력이 부족한 과목 때문에 스트레스를 받는다면 잘하는 과목에 비해 시간을 더 많이 할애해서 공부 시간을 확보하는 것이 좋습니다. 그리고 오답노트도 만들어서 내가 자꾸 틀리는 내용이 뭔지, 이해를 잘 못하는 것인지를 확인하고 모르는 것을 줄여 갑니다.

성적으로 인정받고 싶어

성적 스트레스를 극복하는 방법에 대해 알아보았는데요. 결국 성적 스트레스를 극복하는 것도 성적을 더 향상하기 위한 것임을 알 수 있어요. 우리는 왜 이렇게 힘들게 스트레스를 극복하면서까지 공부를 해서 성적을 올리려고 하는 걸까요? 성적이라는 결과를 통해 인정받고자 하는 욕구 때문이에요. 인정의 대상은 부모님을 비롯해 남들이 되기도 하고, 나 스스로에게 인정받고 싶어서이기도 하고요. 공부란 결국 성적이라는 결과로 평가받는 것이기에 성적이 중요할 수밖에 없지만, 최선을 다한다면 설령 성적이 원하는 만큼 나오지 않더라도 '아, 좀 더 노력할 걸, 최선을 다했다면 결과가 달라졌을 텐데' 하는 후회는 남지 않을 거예요. 하루하루 최선을 다해 성적 스트레스를 이겨 내며 공부하는 나를 스스로 인정해 주고 응원해 보는 건 어떨까요?

꾸고 싶은 꿈이 없다면

꿈이 없다

지원이는 설문지에 적혀 있는 취미, 특기 란에 무엇을 적어야 할지 모르겠습니다. 사실 장래희망도, 되고 싶은 것도 딱히 없이 하루하루 학교생활을 하고 있어요. '내가 공부를 왜 하지?'라는 생각에 답답한 마음이 들어 진짜 꿈을 찾고 싶습니다. 하지만 쉽게 찾아지지 않으니, '나는 진짜 뭐가 되려는 걸까'하는 마음에 스스로 한심하다는 생각도 들고요. 꿈과 장래희망이 명확해서 자신의 재능과 특기를 살리며 열심히 노력하는 친구들이 부럽습니다. 공부는 왜 하나 싶고, 뭘 해도 의욕적이지 않으니 남들보다 잘하는 것도 없어서 자신감도 떨어집니다.

정체성을 찾아가는 여정

꿈과 목표가 명확한 친구들이 있는 반면, 지원이처럼 꿈을 찾지 못했거나 꿈이 없어서 고민인 친구들도 있습니다. 그러나 처음부터 장래희망이 명확한 친구들보다는 초, 중, 고등학교를 거치면서 꿈이 여러 번 바뀌는 경우가 훨씬 많아요. 공부보다 더 잘하는 것을 발견한다거나, 내가 정말로 좋아하는 것을 찾게 되어 그와 관련된 것을 목표로 삼기도 하니까요. 또 어릴 때 생각했던 장래희망보다 더 끌리는 다른 직업이 눈에 들어오는 경우도 있고요. 청소년기의 여러분에게 꿈이 정해지지 않았다는 건 그만큼 가능성이 열려 있고, 또 다양하다는 뜻이에요. 학교에서 한 가지 과목이 아닌 여러 과목을 가르치고, 다양한 활동을 진행하거나, 여러 분야의 직업 교육을 하는 이유도 이 때문이에요. 청소년기는 바로 나의 정체성을 찾아가는 여정입니다. 그러니 너무 성급하게 생각하지 않아도 됩니다. 남들보다 조금 늦는 것일 뿐 꿈과 목표를 영원히 못 찾는 것도 아니에요.

저의 경우는, 십 대 시절의 꿈은 변호사가 아니었어요. 별과 우주를 좋아해서 천문학자를 꿈꿨기 때문에 과학고로 진학을 했습니다. 그런데 정작 과학고에 와서 천문학자라는 꿈을 잃게 되었습니다. 나 정도면 과학을 잘한다고 생각했는데 과학고에 오니 머리 좋은 친구들이 너무 많았던 거예요. 아인슈타인, 스티븐 호킹 박사 같은 이름난 천재가 아니고서는 안 되겠다는 생각에 천문학자의 꿈을 접고 말았습니다.

졸지에 꿈이 사라진 저는 방황을 했습니다. '난 뭘 해야 하지?', '나는 뭘 잘하는 걸까?' 지금 꿈과 목표가 없는 여러분의 모습과 같았어요. 공부를 하고 있지만 어떤 목적 없이 그저 시험 점수를 따기 위한 공부를 할 뿐이었습니다. 주변에 공부 잘하는 친구들이 의대 진학을 목표로 하는 것을 보고, '성적이 되면 나도 의대를 가자' 하고 남들의 꿈을 좇다 보니 성적은 제자리였고요. 그렇게 수능 시험을 보았고, 의대 진학은 안 되지만 수의대는 갈 수 있을 정도의 성적을 받아 수의대에 진학했습니다.

정말 원해서라기보다는 점수에 맞추어 선택한 것 때문이었을까요. 저는 수의대 진학 후에도 여전히 방황하면서 공부도,

대학 생활도 소홀히 했습니다. 그러다 우연히 시간표를 맞추기 위해 선택한 교양 과목 '법학개론'을 듣고, 저는 그제야 꿈과 목표를 찾게 되었습니다. 당시 교수님은 "세계적으로 누구나 아는 유명한 과학자들이 있는 이유는, 과학이라는 학문은 천재적인 사람 하나가 이끌어가기 때문입니다. 반면 세계적으로 누구나 아는 법학자가 있나요? 없습니다. 법학은 보통 사람의 머리라면 누구나 할 수 있기 때문입니다"라고 법학을 소개해 주셨습니다. 저는 이 이야기를 듣고 뭔가 위로를 받는 기분이었어요. 평범한 머리 때문에 천문학자를 포기했는데 법학은 보통 사람의 머리로도 할 수 있다면 나도 할 수 있겠다는 희망을 갖게 된 것입니다. 그리고 변호사 등 법조인은 다른 직업에 비해 세상을 변화시킬 영향력이 크다는 걸 알 수 있었습니다. 저는 법조인이 되기 위해 법학과를 진학해야겠다는 목표를 세워 다시 수능 시험을 준비했습니다. 꿈이 생겨서인지 고등학교 때보다 훨씬 집중해서 공부할 수 있었고 법학과에 진학해 이렇게 변호사로 활동할 수 있게 되었습니다.

내가 좋아하는 것,
잘하는 것을 찾자

나의 목표, 장래희망을 찾고 싶다면 먼저 내가 좋아하는 것, 잘하는 것을 찾아야 합니다. 저는 별과 우주를 좋아해서 과학고를 목표로 했다가, 수학과 물리는 잘하지 못한다는 것을 알게 되어 제가 잘할 수 있는 문과로 옮겼습니다. 이렇게 좋아하는 것, 잘하는 것은 자신에게 좋은 나침반이 되어 줍니다. 학창 시절 제 친구 중에는 공부를 정말 안 하는 친구가 있었습니다. 반면 사진 찍는 것과 컴퓨터로 디자인하는 것을 좋아해서 학교가 끝나면 종일 컴퓨터만 붙잡고 있었어요. 친구 부모님은 당시 공부 안 하는 친구를 걱정했지만, 그 친구는 20살에 자신이 잘하고 좋아하는 웹디자인과 사진으로 SNS에서 유명한 인플루언서가 되었습니다. 지금 당장 장래희망이 없다고, 잘하는 게 없다고 조급해하지 마세요. 저도 십 대 시절에 정체성을 찾는 여정을 통해 20살에야 비로소 꿈과 목표를 찾았잖아요. 청소년 시절은 나를 찾아가는 과정입니다. 내가 잘하는 것, 좋아하는 것을 아는 것만으로도 나의 '추진력'이 되어 줄 꿈을 머지않아 찾게 될 것입니다.

죽고 싶다는
생각이 든다면

죽을 만큼 괴로울 때

자정이 다 될 무렵, 우진이의 부모님은 거실에서 TV를 보고 있었고 여느 때와 마찬가지로 우진이가 방에서 자고 있겠거니 생각했습니다. 그런데 갑자기 우진이가 펑펑 울며 온몸을 떨면서 거실로 뛰쳐나왔습니다. “엄마 아빠, 미안한데 지금 나 죽기 전에 엄마 아빠한테 이야기는 하고 죽어야 할 것 같아서 나왔어”라는 말과 함께 우진이는 초등학교 4학년 때부터 중학교 1학년 최근까지 한 가해 학생으로부터 겪었던 학교 폭력 이야기를 털어놓았습니다.

우진이는 4, 5학년 내내 같은 반이었던 가해 학생으로부터 갖가지 폭력을 당했습니다. 때리고 욕하기는 일상처럼 이루어졌고, 우유를 강제로 먹인다거나 벽돌을 집어 던져 다치게 하고 화장실로 끌고 가 때린 적도 여러 번이었습니다. 부모님께 알리면 가만두지 않겠다는 가해 학생의 협박에 우진이는 한 번도 부모님께 말을 하지 못했습니다. 그런데 우진이는 중학교에 진학하면서 또다시 가해 학생과 같은 반이 되었고, 가해 학생의 폭력은 다시 시작되었습니다. 가해 학생이 우진이를 괴롭히는 모습을 담임 선생님이 우연히 목격했고, 담임 선생님께 혼이 난 뒤로 가해 학생은 더 이상 우진이를 괴롭히지 않았습니다.

그러나 우진이는 가해 학생을 학교에서 볼 때마다 예전에 괴롭힘 당했던 일들이 떠올라 가슴이 턱 막히고 숨 쉬는 것조차 힘들어졌습니다. 이런 상황이 반복되다보니 너무 힘들어 자살까지 생각하게 되었고 아파트 창문에서 뛰어 내리기로 결심한 날, 죽을 때 죽더라도 부모님께 왜 죽는지 말은 해야 할 것 같아 그제야 피해 사실을 털어놓은 것이었습니다.

죽고 싶은 생각이 드는 이유

제가 만나는 청소년들 중에는 학교 폭력, 학대, 선생님의 차별 등 안 좋은 일을 겪은 경우가 많습니다. 그렇다 보니 자살을 생각한 친구, 학교에서 심리 검사 결과 자살 고위험군이라며 주의를 받은 친구, 또 실제 자살을 시도했다가 부모님이 발견한 친구 등 죽음을 생각하는 친구들을 자주 만나곤 합니다. 부모님과의 갈등, 성적으로 인한 고민 등 다양한 이유로도 '죽고 싶다'는 생각을 하게 되는데요. 우리나라 십 대 청소년의 사망 원인 1위가 자살이라는 한 통계 자료* 만 보더라도 성인에 비해 청소년들이 죽음에 대해 자주 생각한다고 해도 과언이 아닙니다.

그럼 청소년들은 왜 죽고 싶다는 생각을 하게 되는 걸까요? 첫 번째는 죽음까지 생각하게 할 만큼 힘든 일이나 고민이 있기 때문이겠죠. 너무 고통스러워서 내가 죽어야만 이 고통이 끝날 것만 같으니까요. 두 번째로 청소년들은 충동, 화, 불안을 조절하는 뇌의 전두엽이 아직 덜 발달했기 때문에 충동적으로 죽고 싶다는 생각을 하게 됩니다. 사실 죽고 싶다는 생각은 청소년뿐

* 통계청, 「아동 · 청소년 삶의 질 2022 보고서」

만 아니라 어른들도 많이 합니다. 어른들은 죽고 싶다는 마음이 생각에 그치는 경우가 대부분이고 이성적으로 상황 판단을 하지만, 청소년들은 충동적인 특성이 강하기 때문에 죽고 싶다는 생각이 들면 생각에 그치는 것이 아니라 곧바로 행동으로 옮기기가 쉬운 거예요.

힘들 땐 털어놓기

저도 중학교 1학년 때 죽고 싶다는 생각이 든 적이 있었어요. 교실에서 친구들에게 "나 쥐약 먹고 죽을 거야!"라고 말하고 다녔습니다. 내가 왜 그런 행동을 했는지 곰곰이 생각해 보면, 중학교에 올라와 성적에 대한 스트레스를 처음 겪으면서 밤늦게까지 공부하고 아침에 일어나 학교 가기 힘들다는 것이 죽고 싶은 이유였어요. 그런데 내가 힘든 것을 어떻게 표현할지 몰라서 그냥 죽고 싶다, 죽을 거라고 표현한 것이었습니다. 또 죽음이 무엇을 의미하는지, 나라는 존재가 부모님께 얼마나 소중한 존재인지에 대해 알지도 못한 채 그저 현 상황에서 벗어날 수 있는 것이 죽음이라고 생각했던 거죠. 지금 이 이야기를 털어놓으면서 참 철없던 행동에 쑥스럽지만, 청소년들이 죽고 싶다는 생각을 하는 이유를 생각해 보면 14살의 나도 충분히 그럴 수 있었겠다 싶어요.

무척 힘든 일이 있을 때, 심각한 고민이 있을 때 나도 모르게 죽고 싶다는 생각이 들 수 있어요. 그런 생각을 했다고 자신을 이상한 사람으로 여기거나 정신적 문제가 있다고 심각하게 여길 필요는 없습니다. 중요한 것은 내가 이런 생각을 했다는 사실을 아는 것이고, 이를 실천에 옮기지 않으면 됩니다. 죽고 싶다는 생각이 계속 든다면 죽음 자체보다 죽음을 생각하게 하는 힘든 일, 고민에 집중해 보세요. 나를 힘들게 하는 것이 무엇인지, 왜 힘든지를 구체적으로 생각해 보거나 글로 쓴다면 더욱 명확해집니다. 이렇게 하고 나면 내가 정말 죽고 싶은 것이 아니라 힘든 상황을 벗어나고 싶어서였다는 것을 알게 됩니다. 그리고 죽음이 아닌 다른 해결 방법들이 있다는 것도 알 수 있고요.

죽고 싶다는 생각이 들게 하는 힘든 점이나 고민을 혼자서만 마음에 담아 두지 말고 부모님, 선생님, 친구들 등 주변 사람에게 털어놓아 보세요. 우진이도 정말 죽으려고 하기 전에 부모님께는 말하고 죽겠다는 마음으로 그날 밤 그간의 일을 털어놓았잖아요. 우진이 부모님은 우진이의 이야기를 듣고 학교 폭력 신고를 했고, 가해 학생은 전학 징계를 받아 다른 학교로 가게 되었습니다. 우진이는 더 이상 그 가해 학생을 마주치며 괴로워하지 않아도 되었고요. 물론 학교 폭력의 트라우마는 오랫동안 남았지만 우진이는 부모님의 도움으로 정신과 의사 선생님의 치료와 상담 등을 통해 벗어날 수 있었습니다.

죽음 외에도 해결 방법은 분명히 있어요. 만일 죽고 싶다는 말을 하면 부모님이 너무 걱정하실까 봐 말하지 못하겠다면, 나를 전혀 모르는 제3자에게 솔직하게 마음을 털어놓는 것도 좋습니다. 그럼 마음이 한결 후련해지고 해결 방법도 찾을 수 있을 거예요.

24시간 전화상담

- 자살예방 상담전화 1393
- 정신건강 상담전화(자살예방센터) 1577-0199
- 청소년 HelpCall 1388
- 한국생명의전화 1588-9191

우리가 살아야 하는 이유

방송인 홍석천 씨는 어느 날 너무 힘이 들어 한강 다리로 간 적이 있다고 해요. 다리 위에서 3시간의 고민 끝에 죽기를 결심했고, 죽기 전 마지막으로 자신이 죽는다는 걸 알려야겠다 싶어 친구에게 전화를 했습니다. 그런데 "난 네가 지금 다리에서 뛰어내리면 절대 슬퍼하지도 않을 거고, 네 장례식장도 안 갈 거야"라는 친구의 말에 정신을 차렸습니다. 그리고 집으로 가는 길에 소변이 너무 급해 카페에 들어가 아이스 아메리카노 하나를 주문한 후, 재빨리 화장실로 달려갔습니다. 소변을 보면서 홍석천 씨는 자신도 모르게 "아, 살 것 같다"는 말이 튀어나왔다고 해요. 조금 전까지만 해도 죽겠다고 생각했었는데 말이에요. 홍석천 씨는 아이스 아메리카노를 마시며 '이렇게 맛있는 커피를 두고 내가 바보 같은 선택을 하려고 했다니' 하고 깨달았고, 그 일이 정말 열심히 사는 계기가 되었다고 합니다.

맛있는 음식, 멋진 풍경, 사랑하는 가족과의 따뜻한 시간, 친구들과의 수다 등 사소한 즐거움들도 살아 있어야 누릴 수 있는 것들이에요. 우리가 살아야 하는 이유는 거창한 것이 아닌

사소하지만 소중한 것들에서부터 찾을 수 있어요. 제 인생의 좌우명은 찰리 채플린이 말했다는 "인생은 가까이에서 보면 비극, 멀리서 보면 희극"입니다. 지금 죽음을 생각하게 하는 여러분의 고민이 절대 별것이 아니라는 뜻이 아닙니다. 죽음을 떠올릴 만큼 충분히 힘들어요. 하지만 시간이 지나 돌이켜보면 이 힘든 상황도 웃으며 이야기할 수 있는 날은 온다는 것입니다. 그러기 위해서 우리는 살아야 하고요.

알고십대 04

이제는 나부터 챙기기로 했다

자아존중감을 높이고 나만의 경계를 찾는 법

초판 1쇄 발행 2023년 9월 22일
초판 3쇄 발행 2024년 4월 30일

지은이 노윤호
그린이 율라
펴낸이 홍석
이사 홍성우
인문편집부장 박월
책임편집 박주혜
편집 조준태
디자인 이혜원
마케팅 이송희, 김민경
제작 홍보람
관리 최우리, 정원경, 조영행, 김지혜

펴낸곳 도서출판 풀빛
등록 1979년 3월 6일 제2021-000055호
주소 07547 서울특별시 강서구 양천로 583 우림블루나인 A동 21층 2110호
전화 02-363-5995(영업), 02-364-0844(편집)
팩스 070-4275-0445
홈페이지 www.pulbit.co.kr
전자우편 inmun@pulbit.co.kr

ISBN 979-11-6172-885-8(44180)
979-11-6172-842-1 (세트)